Caminhos pedagógicos da Educação Especial

Dados Internacionais de Catalogação na Publicação (CIP)
(Câmara Brasileira do Livro, SP, Brasil)

Caminhos pedagógicos da educação especial / Roberta Gaio, Rosa G. Krob Meneghetti, (organizadoras). 8. ed. – Petrópolis, RJ : Vozes, 2012.

3ª reimpressão, 2022.

ISBN 978-85-326-3022-3

Vários autores.

Bibliografia

1. Educação especial 2. Pedagogia I. Gaio, Roberta. II. Meneghetti, Rosa G. Krob.

04.2606   CDD-371.9

Índices para catálogo sistemático:

1. Educação especial   371.9

Roberta Gaio
Rosa G. Krob Meneghetti
(orgs.)

Caminhos pedagógicos da Educação Especial

EDITORA
VOZES

Petrópolis

© 2004, Editora Vozes Ltda.
Rua Frei Luís, 100
25689-900 Petrópolis, RJ
www.vozes.com.br
Brasil

Todos os direitos reservados. Nenhuma parte desta obra poderá ser reproduzida ou transmitida por qualquer forma e/ou quaisquer meios (eletrônico ou mecânico, incluindo fotocópia e gravação) ou arquivada em qualquer sistema ou banco de dados sem permissão escrita da editora.

CONSELHO EDITORIAL

Diretor
Gilberto Gonçalves Garcia

Editores
Aline dos Santos Carneiro
Edrian Josué Pasini
Marilac Loraine Oleniki
Welder Lancieri Marchini

Conselheiros
Francisco Morás
Ludovico Garmus
Teobaldo Heidemann
Volney J. Berkenbrock

Secretário executivo
Leonardo A.R.T. dos Santos

Editoração e org. literária: Maria da Conceição
Borba de Sousa
Capa: André Gross

ISBN 978-85-326-3022-3

Este livro foi composto e impresso pela Editora Vozes Ltda.

Sumário

Prefácio – Diálogos encarnados (Nelson Carvalho Marcellino), 7

Apresentação (Roberta Gaio e Rosa G. Krob Meneghetti), 9

I – Caminhos da Educação Especial, 17

1. Uma leitura da Educação Especial no Brasil (Mônica de Carvalho M. Kassar), 19

2. Educação Especial na Espanha (María del Pilar González Fontao), 43

II – Caminhos pedagógicos da Educação Inclusiva, 77

1. Caminhos pedagógicos da Educação Inclusiva (Maria Teresa Eglér Mantoan), 79

III – Diálogos com as diferenças, 95

1. Diálogo com a religião (Rosa Gitana Krob Meneghetti), 97

2. Diálogo com a filosofia (Edivaldo José Bortoleto), 121

3. Diálogo com a história (Roberta Gaio), 142

4. Diálogo com a educação física (Mari Gândara), 177

5. Diálogo com a saúde (Regina Simões e Luciane Lopes), 203

Considerações finais – O início de novos trabalhos (Roberta Gaio e Rosa G. Krob Meneghetti), 225

Prefácio
Diálogos encarnados

O convite à inclusão é sempre atraente, mas não raro se perde em propostas bem-intencionadas, que acabam se revelando altamente seletivas e contrárias à intenção original, gerando isolamento e até mesmo a formação de guetos. Cada vez mais se torna necessário um esforço de reflexão, nessa área, para acompanhar as ações que vêm se verificando. E dessa perspectiva é muito bem-vindo o trabalho coordenado por Roberta Gaio e Rosa G. Krob Meneghetti, reunindo o esforço de pesquisadoras que se dedicam ao estudo desse tema tão necessário, porque relevante e atual.

E a importância da obra deve ser ressaltada a partir do seu foco – o corpo e suas possibilidades. Nada mais radical do que uma proposta de inclusão começar pelo corpo: o que somos, e que muitas vezes calamos, ou não ouvimos, e continuamos a caminhar, sem nos darmos conta das muitas "deficiências" que portamos, mesmo sem sermos "diferentes", e da necessidade do "nosso diálogo".

Mas o livro vai além na proposta e propõe o "diálogo com a diferença". Diante da diferença, as autoras sugerem o diálogo. E o fazem a partir da religião, da filosofia, da história, da educação física e da saúde, sempre mediadas pelo corpo, percorrendo os caminhos da educação especial e da educação inclusiva.

Apresenta-se assim como um trabalho multidisciplinar, que sugere o esforço interdisciplinar no tratamento das questões relacionadas ao corpo portador de deficiência. É uma valiosa contribuição de pesquisadores e pensadores que se dedicam ao tema, mas que também estão envolvidos na ação pedagógica e nos trabalhos de atendimento direto à população. Vivenciam a dialética da ação, reflexão, ação tão necessária para que a teoria sobre o corpo também seja "encarnada" e não se torne apenas "discurso vazio".

Nelson Carvalho Marcellino

Apresentação

Ao longo da história o conceito de deficiência que foi sendo construído, certamente o foi na perspectiva de atender aos interesses daqueles que se apresentavam como eficientes. Isto não quer dizer que as diversas deficiências em si, tais como visual, auditiva, física, mental e outras, não tiveram existência concreta. O que é possível constatar, isto sim, é que o tratamento destas questões, durante o longo processo que a humanidade realizou em direção a maior humanização, poucas vezes privilegiou o atendimento a estas dificuldades apresentadas pelo corpo humano.

O século XX construiu um novo conceito para a ação humana, constituído de uma nova compreensão sobre o corpo, sobre o trabalho, sobre o lazer e sobre o processo de aprendizagem.

O objetivo dessa obra é atentar para a construção de um possível novo rumo para o entendimento do ser humano considerado como deficiente, na perspectiva da superação do estigma da deficiência e da reconceitualização do conceito de eficiência.

A visão integral e integralizadora sobre o corpo, conquista das últimas décadas nas áreas específicas de conhecimento que têm esse mesmo corpo como objeto de estudo, é o eixo norteador para re-visar, isto é, ver novamente, o significado do conceito nomeado. Hoje, eficiente é todo aquele que é capaz de solucionar os desafios do cotidiano, tanto por suas próprias forças quanto valendo-se de alternativas externas. Neste sentido, a ideia de eficiência, no final do século XX e início do XXI, está muito mais vinculada à resposta que os seres humanos "inteiros" ou "comprometidos em suas partes" dão às solicitações da vida, aos conflitos, problemas sociais, do que aos padrões corporais estabelecidos externamente pelos interesses subjacentes às instituições sociais.

É possível, dessa maneira, afirmar com Gonçalves que:

> A forma de o homem lidar com sua corporalidade, os regulamentos e o controle do comportamento corporal não são universais e constantes, mas, sim, uma construção social, resultante de um processo histórico. O homem vive em um determinado contexto social com o qual interage de forma dinâmica, pois, ao mesmo tempo em que atua na realidade, modificando-a, esta atua sobre ele, influenciando e, até podemos dizer, direcionando suas formas de pensar, sentir e agir. [...] Cada corpo expressa a história acumulada de uma sociedade que nele marca seus valores, suas leis, suas crenças e seus sentimentos, que estão na base da vida social (p. 13)[1].

---

1. GONÇALVES, M.A. *Pensar, sentir e agir* – Corporeidade e Educação. Campinas: Papirus, 1994.

Constata-se que as evoluções culturais ocorridas ao longo dos tempos implicaram em modificações sociais e, por consequência, na construção de uma nova realidade social, não como algo que se inicia do nada, e sim como resultado de um conjunto de ações que se inter-relacionam e se acrescentam à vida do ser humano.

Esta compreensão dinâmica da história é que leva os estudiosos a refletirem sobre o passado, a fim de que possam compreender o presente da realidade social dos corpos deficientes. Ser corpo deficiente não é um acontecimento novo, isolado, como também não o é o fato de esses corpos serem estigmatizados, desvalorizados, discriminados pelas leis, valores e sentimentos ao longo da história humana. Este cenário está registrado na história cultural das sociedades.

A análise da realidade social dos corpos deficientes, enquanto processo coletivo, encontra respaldo nos dizeres de Berger e Luckmann:

> Os homens em conjunto produzem um ambiente humano, com a totalidade de suas formações socioculturais e psicológicas. Nenhuma dessas formações pode ser entendida como produto da constituição biológica do homem, a qual, conforme indicamos, fornece somente os limites externos da atividade produtiva humana. Assim como é impossível que o homem se desenvolva como homem no isolamento, igualmente é impossível que o homem isolado pro-

duza um ambiente humano. [...] A humanidade específica do homem e sua socialidade estão inextrincavelmente entrelaçados (p. 75)[2].

A sobrevivência dos corpos deficientes ao longo da história da humanidade, em todas as épocas, tem sido uma grande epopeia muitas vezes ignorada pela sociedade, ou por falta de conhecimento adequado ou por falta de desejo dela mesma em construir um conhecimento sobre esta questão.

Segundo Duarte Jr.[3] o tratamento dado aos corpos portadores de necessidades especiais é produto das ações sociais, culturais, políticas, religiosas do ser humano, diferentes em cada momento, forjadas no encontro incessante com o meio ambiente. É o ser humano se autoproduzindo a partir de um empreendimento social.

Pensar o corpo deficiente não apenas como uma máquina que possui defeitos claramente aparentes, ou dificuldades na harmonização de sua estrutura interna, isto é, de sua funcionalidade, é um problema que tem desafiado em muito a academia, o qual vai acompanhar este estudo durante toda a trajetória, buscando uma nova forma de interpretar o fenômeno da corporeidade. Assim, o conceito de corporeidade é elemento pontual em toda a discussão do tema.

---

2. BERGER, P.L. & LUCKMANN, T. *A construção social da realidade* – Tratado de Sociologia do Conhecimento. Petrópolis: Vozes, 1998.

3. DUARTE JR., J.F. *O que é realidade*. São Paulo, Brasiliense, 1989.

Duarte Jr.[4] diz que o ser humano não é determinado apenas biologicamente, pois ele inventa, cria sua própria maneira de viver, sendo o agente construtor da sua realidade social e cultural. A liberdade de ação, que faz do mundo humano um complexo social, não pode ser considerada meramente como um fator do poder físico ou biológico do ser homem ou mulher.

Morin[5], numa longa citação, mostra que só tem sentido serem analisadas as características biológicas do corpo se a ele for atribuído seu caráter social e cultural:

> Todos sabemos que somos animais da classe dos mamíferos da ordem dos primatas, da família dos hominídeos, do gênero *homo*, da espécie *sapiens*, que o nosso corpo é uma máquina com trinta bilhões de células, controlada e procriada por um sistema genético que se constitui no decurso de uma longa evolução natural de 2 a 3 bilhões de anos, que o cérebro com que pensamos, a boca com que falamos, a mão com que escrevemos, são órgãos biológicos, mas este conhecimento é tão inoperante como o que nos informa que o nosso organismo é constituído por combinações de carbono, de hidrogênio, de oxigênio e de azoto. Admitimos, desde Darwin, que somos

---

4. *Ibid.*
5. MORIN, E. *Introdução ao pensamento complexo.* Lisboa: Inst. Piaget, 1991.

filhos de primatas, embora não nos consideremos primatas. Convencemo-nos de que, descendentes da árvore genealógica tropical em que vivia o nosso antepassado, dela nos escapamos para sempre, para construirmos, fora da natureza, o reino independente da cultura (p. 15).

É nesta perspectiva que se faz necessário buscar entender as possibilidades do corpo, para além do corpo determinado biologicamente, considerando os possíveis diálogos ocorridos a partir das diferenças constatadas.

A existência do ser humano é fundamentada no atendimento às necessidades básicas de alimentação, vestimenta, moradia, o que em relação aos outros animais acontece como que naturalmente, seguindo a lei da selva: o animal mais forte se alimenta do mais fraco... Os animais possuem nichos ecológicos, são vulneráveis a diversas situações, inclusive sujeitos à exterminação.

Por outro lado, o ser humano cria, recria, arquiteta monumentos, supera barreiras, recupera a cada instante o seu ideal de vida, faz política, busca novos conhecimentos, acredita numa força espiritual, produz arte, vai além do real, se comunica virtualmente, distanciando-se cada vez mais dos outros animais, no que diz respeito à construção cultural do mundo.

Assim, o ser humano é fruto de uma cultura carregada de símbolos que possibilitam a reminiscência dos acontecimentos históricos, imbuído de costumes, linguagens e conhecimentos, diferentemente dos outros seres vivos que, naquilo que a Ciência até agora nos aponta, não apresentam níveis de descobrimento significantes no meio ambiente de origem.

É considerando a complexidade humana que os autores desta obra propõem um caminhar por espaços ocupados especificamente pelas diferenças encontradas a partir da corporeidade viva. Assim, será discutido num primeiro momento a deficiência a partir da história da Educação Especial no Brasil e também na Espanha, que é um dos países exemplo de ação nessa temática; a seguir propõe-se uma reflexão sobre os caminhos da Educação Inclusiva e, por último, apresenta-se uma discussão sobre o corpo deficiente sob a ótica de diversas áreas do conhecimento, tais como a religião, a filosofia, a história, a educação física e a saúde.

É inegável o esforço que tem sido feito no campo das sociedades solidamente organizadas, no sentido de estabelecer espaços de direito aos deficientes, sejam motores, visuais, auditivos ou mentais. Este esforço, inclusive, tem sido resultado de um movimento oriundo dos próprios deficientes, o que implica dizer que, enquanto seres sociais, têm exercitado seus espaços de cidadania. As iniciativas variam de sociedade para sociedade, procurando incorporar a questão da deficiência ao ideário representativo dos direitos humanos, garantindo em lei esses direitos que, em muitas sociedades, não estão garantidos na prática. Este panorama tende a alterar significativamente o conceito de deficiência, no início do século XXI, instalando um novo modo de entendê-lo, mais ampliado e mais abrangente, na perspectiva de considerar o ser humano como alguém capaz de, dentro de suas possibilidades, auto-organizar-se e, neste movimento, organizar os espaços sociais ao seu redor.

É com essa intenção que esta obra pretende discutir as possibilidades do corpo em diálogos com as diferenças, em salas de aula dos cursos de formação de diversas áreas do conhecimento, contribuindo assim com a mudança do paradigma conceitual quanto à deficiência.

Dra. Roberta Gaio
Dra. Rosa G. Krob Meneghetti

I

Caminhos da Educação Especial

1 Uma leitura da Educação Especial no Brasil

*Mônica de Carvalho Magalhães Kassar**

> *Não serão matriculados, e portanto não entrarão no sorteio: a) As crianças com idade inferior a 6 anos incompletos [...]; c) os que sofrem de moléstia contagiosa e repugnante [...]; e)* os imbecis e os que por defeito orgânico forem incapazes de receber educação (Decreto-lei 1.216 de 1904 do Estado de São Paulo, apud JANNUZZI, 1985: 41-2 – grifo nosso).

$\mathcal{O}$ conjunto de leis de um determinado país pode ser concebido como uma forma de discurso e, como tal, está intimamente ligado à sociedade na qual se encontra imerso. Como parte de uma sociedade em movimento, os discursos se antagonizam e

---

* Doutora em Educação, professora do Departamento de Educação da Universidade Federal do Mato Grosso do Sul – Brasil, autora dos livros *Ciência e senso comum no cotidiano das classes especiais* e *Deficiência múltipla e Educação no Brasil* – Discurso e silêncio na história de sujeitos, além de diversas publicações em revistas científicas. Tem participado de diversos congressos, discutindo e apresentando temas sobre a Educação Especial.

se completam. Nesse emaranhado podemos tentar buscar um fio que nos possibilite "olhar" aspectos da Educação Especial...

No movimento da sociedade as leis e as práticas sociais desenrolam-se, entremeados de modos de pensar e tendências filosóficas. Dentre os muitos pensamentos presentes na sociedade brasileira, podemos identificar, desde fins do século XIX, a presença dos preceitos da ciência moderna (observação, descrição e classificação), apropriados por vários campos do conhecimento, em meio a uma atmosfera de valorização das ciências naturais e de popularização das teorias evolucionistas[1].

O movimento da sociedade é explicado como parte de uma evolução "natural". Esse modo de conceber o movimento social tem grande aceitabilidade no Brasil e, a partir do início do século XX, deixa de modo mais evidente suas contribuições nos rumos da educação brasileira, trazendo implicações na forma como entender e promover a educação especial. Portanto, a valorização do pensamento científico, presente na organização da sociedade brasileira mais incisivamente a partir do século XIX, penetra no discurso educacional de forma marcante, a partir do início do século XX.

Sob a influência da valorização do conhecimento científico, tivemos na última metade do século XIX um período fértil de realizações no campo da

---

1. Como exemplo, citamos as teorias desenvolvidas por Lamarck (1744-1829) e Darwin (1809-1882).

educação no município da Corte brasileira, com a criação da Inspetoria Geral da Instrução Primária e Secundária do Município da Corte (1854), a reformulação dos estatutos da Academia de Belas Artes (1955), entre outros (cf. RIBEIRO, 1878). É exatamente nesse período que ocorre a fundação de duas instituições públicas para atendimento de pessoas com deficiências[2]: o Imperial Instituto dos Meninos Cegos (atual Instituto Benjamin Constant) em 1854, e Instituto dos Surdos-Mudos (atual Instituto Nacional da Educação dos Surdos-Ines), em 1856.

A implantação desses dois institutos pode ser considerada um ato isolado no que se refere à preocupação com a educação das pessoas com deficiências, pois nesse momento não há ainda nenhuma legislação educacional de âmbito geral, principalmente no que se refere à Educação Especial. O que temos é a Constituição Brasileira de 1824 registrando o "compromisso" com a gratuidade da instrução primária "a todos os cidadãos" e com a criação de colégios e universidades "onde serão ensinados os elementos das ciências, belas-letras e artes". No entanto, o grupo de "todos os cidadãos" não incluía a massa de trabalhadores, que em sua maioria era escrava, e certamente também não dizia respeito às pessoas com deficiências.

---

2. Apesar de bastante discutível, usaremos o termo "pessoas com deficiências", por considerarmos não haver ainda outra terminologia mais adequada.

Já na primeira Constituição da República a educação aparece dentre as incumbências do Congresso Nacional...

> Incumbe [...] ao Congresso [Nacional], mas não privativamente [...].
>
> Animar o país ao desenvolvimento das letras, artes e ciências, bem como à imigração, à cultura, à indústria e comércio, sem privilégios que tolham a ação dos governos locais.
>
> Criar instituições de ensino superior e secundário nos Estados (Constituição Brasileira de 1891, art. 35, parágrafos 2º e 3º).

E na "Declaração de Direitos", que estabelece a laicização do ensino ministrado nos estabelecimentos públicos (parágrafo 6º do art. 72).

Uma análise da legislação brasileira de 1891 aponta para diminuta presença do Estado em relação às responsabilidades educacionais. Nesse contexto, diferentes regiões do país se organizam dentro das possibilidades existentes. Como exemplo, vemos um Decreto-lei do estado de Minas Gerais dispensando da frequência às aulas o aluno nas seguintes circunstâncias:

> a) a falta de escola pública ou subvencionada num círculo de raio de dois quilômetros em relação às crianças do sexo feminino e de três para as crianças do sexo masculino; b) *incapacidade física ou mental certificada pelo médico esco-*

lar ou verificada por outro meio idôneo; na incapacidade física se compreendem, além das deformações ou enfermidades que fisicamente inabilitam para a frequência, as moléstias contagiosas ou repulsivas; indigência, enquanto não se fornecer, pelos meios de assistência previstos neste regulamento, o vestuário indispensável à decência e à higiene; [...] d) a instrução recebida em casa ou em estabelecimento particular" (Decreto-lei 7.970-A de 15 de outubro de 1927, apud PEIXOTO, 1981 – grifo nosso).

Diante das poucas ações estatais em relação à Educação Especial inicia-se a implantação de instituições "privadas" especializadas no atendimento às pessoas com deficiências. Registros do Ministério da Educação (BRASIL, 1975) apontam o Instituto Pestalozzi, criado em 1926 no Rio Grande do Sul, como a primeira instituição particular especializada brasileira. Como as instituições de caráter filantrópico atuais, a primeira Pestalozzi atendia parte de seus alunos através de convênios com instituições públicas.

Segundo Mazzotta (1996: 42), esta instituição introduz no Brasil a concepção da "ortopedia das escolas auxiliares" européias. Tal concepção decorre da incorporação dos conhecimentos das ciências naturais pelas ciências humanas e da visão estritamente organicista da deficiência mental.

Como ocorreu na Europa dos séculos XVIII e XIX, há a incorporação dos conhecimentos científicos e da ideia de modernidade racional no interior das instituições, consoantes com o discurso liberal[3] da época.

Podemos identificar o movimento de valorização do discurso "científico" na abordagem (ou "explicação") de muitos dos problemas sociais. Lopes, em 1930, apresenta em seu artigo *Menores Incorrigíveis* três medidas de "profilaxia" à delinquência:

> combater o alcoolismo e a syphilis dos procriadores, evitação da união de indivíduos tarados e segregação e esterilização dos degenerados de acordo com o parecer de comissões técnicas (LOPES, 1930, apud COSTA, 1976: 45).

Tanto a organização das instituições privadas especializadas no atendimento à Educação Especial, como a formação das primeiras classes especiais[4], ocorre nessa atmosfera.

As classes especiais públicas vão surgir pautadas na necessidade científica da separação dos alunos "normais" e "anormais" na pretensão da organização de salas de aula homogêneas, sob a supervisão de organismos de inspeção sanitária, a partir dos preceitos da racionalidade e modernidade.

---

3. *Liberalismo* clássico refere-se ao regime de organização econômica e social defendido por John Locke (1632-1704) e retomado por teóricos como Stuart Mill (1806-1873) entre outros, que fundamenta o desenvolvimento das sociedades capitalistas. Apresenta uma grande preocupação com a defesa da liberdade individual e percebe uma relação íntima entre leis de produção e as leis da natureza.

4. Há registros de atendimento a deficientes mentais em ensino regular, juntamente a deficientes físicos e visuais, em 1887, na Escola México, no Rio de Janeiro (JANNUZZI, 1985).

A prática de separação das crianças tem para a época, segundo Carvalho (1997), um caráter humanitário por ser proposto por uma pedagogia científica e racional. Essa pedagogia científica legitima-se por estar "fundada na natureza".

O discurso científico, as ideias de modernização e racionalização, características do movimento industrial das sociedades capitalistas, também tornam-se presentes nas propostas de organização educacional:

> A tentativa de agrupar crianças em classes homogêneas, [...] nada mais faz que obedecer a um princípio fecundo, encontrado na ordem do dia nos estabelecimentos industriais. Esse princípio é o da organização racional do trabalho, posto em evidência por W. Taylor, desde o fim do último século [...].
>
> O agrupamento dos alunos em classes homogêneas, segundo seu desenvolvimento mental, é, neste sentido, uma das combinações de organização racional do trabalho pedagógico (ANTIPOFF, Helena 1930s, apud DIAS, 1995: 43).

Com o crescimento das cidades, que ocorre principalmente a partir da década de 1930 devido à industrialização, vemos também o crescimento da preocupação com a escolaridade da população. Tal preocupação está registrada na Constituição Brasileira de 1934, quando se estabelece, pela primeira vez, como competência da União, a incumbência de traçar as diretrizes da educação nacional (o que vai ocorrer em 1961)[5], ao mesmo tempo em que fica estabelecida como competência tanto da União como dos Estados a difusão da instrução pública em todos os seus graus.

> A educação é direito de todos e deve ser ministrada pela família e pelos poderes públicos...

Assim é apresentada a responsabilidade sobre a educação na Constituição de 1934. Apesar do crescimento do número das escolas públicas iniciadas nesse período[6], ainda é muito pequeno o número de crianças com deficiências matriculadas[7].

Na década de 1940, a Constituição Brasileira de 1946 explicita a proibição de cobrança de impostos a instituições de educação ou de assistência social "desde que suas rendas sejam aplicadas integralmente no país para os respectivos fins".

A educação passa a ser entendida como "direito de todos", dada no lar e na escola, devendo inspirar-se nos princípios e ideias de solidariedade humana.

Assim, em um país com poucas escolas, consequentemente, com poucas classes especiais e, ain-

---

5. A Constituição de 1937 reitera essa posição, explicitando que "Compete privativamente à União legislar sobre [...] as Diretrizes da educação nacional".

6. Sobre o aumento quantitativo das escolas públicas, ver Romanelli (1989), p. 66s.

7. Segundo dados estatísticos do Ministério da Educação, teremos um aumento significativo das classes especiais (principalmente para deficientes mentais) somente a partir da década de 1970. Ver BRASIL (1975).

da, com o "espaço" garantido pela legislação, é fundada, em 1954, na cidade do Rio de Janeiro, a primeira Associação de Pais e Amigos dos Excepcionais – Apae, que segundo Silva (1995: 36) vai se desenvolver ocupando "o espaço vazio da educação especial como rede nacional" (SILVA, 1995: 36).

A partir de iniciativas pessoais e privadas, esta instituição apresenta-se à sua fundação como "instituição privada que busca atender às necessidades da educação especial *pública*" (SILVA, op. cit.: 41 – grifo nosso), propondo-se à escolarização das crianças, que não estava ocorrendo de modo satisfatório da rede de ensino.

A Apae é concebida tendo como parâmetro a organização da *National Association for Retarded Children* dos Estados Unidos da América, que consistia em uma associação de assistência às crianças excepcionais. Desde a criação da Apae há a preocupação de seguir um modelo de associação que se desenvolva em rede nacional, com a caracterização inicial de um "movimento" em prol da criança excepcional (cf. SILVA, op. cit.).

A preocupação de forma abrangente do Brasil com a Educação Especial ocorreu apenas em 1961, com a Lei de Diretrizes e Bases da Educação – LDD (Lei 4.024/61). Até essa data são organizadas campanhas como: Campanha para Educação do Surdo Brasileiro – Cesb em 1957, Campanha Nacional de Educação e Reabilitação dos Deficientes Visuais – CNERDV em 1958 e Campanha Nacional de Educação do Deficiente Mental – Cademe em 1960, que estavam subordinadas diretamente ao Ministério da Educação e Cultura – MEC e tinham como funções: a promoção, em todo território nacional, de treinamento, reabilitação e assistência educacional às pessoas com deficiências; a cooperação técnica e financeira com entidades públicas e privadas; e o incentivo de organização de cursos e entidades voltados a essa área.

Quando, em 1961, a legislação brasileira explicita o compromisso com a Educação Especial na Lei 4.024, já existe no país uma organização considerável no atendimento, tanto em instituições particulares de caráter assistencial quanto em algumas classes especiais públicas.

Podemos apontar como um fator que colaborou para a atenção dispensada à Educação Especial na LDB de 1961 o ingresso de parte da população economicamente menos favorecida à escolarização, decorrente do aumento crescente das escolas públicas em relação ao número de habitantes. A partir desse momento, evidencia-se a preocupação dos poderes públicos com os "problemas de aprendizagem" e com a Educação Especial propriamente.

A LDB 4.024/61 vai tratar da Educação Especial em dois artigos. O art. 88 propõe o atendimento ao deficiente "dentro do possível" na educação regular. Já o art. 89 garante apoio financeiro às instituições particulares consideradas eficientes aos critérios dos Conselhos Estaduais de Educação.

Podemos dizer que ao propor atendimento "dentro do possível" na rede regular de ensino, ao mesmo tempo que delega às instituições sob administração particular a responsabilidade de parte do atendimento, através da "garantia" de apoio financeiro, o Estado não se compromete em assumir a educação da população de crianças com deficiências mais severas. Pois não há em qualquer documento indicação de criação de serviços especializados na rede regular de ensino para atender a Educação Especial. Dessa forma, a distribuição de serviços que já ocorria, anteriormente à década de 1960, com a criação das Sociedades Pestalozzi e das Apaes por grupos privados (que se responsabilizavam pelo atendimento à clientela mais comprometida), e com a implantação das classes especiais públicas (que deveriam atender a população menos comprometida), é apenas normatizada em 1961.

Ainda, como Mazzotta (1996) aponta, o art. 88 da LDB/61 pode ser interpretado como uma concomitância de "formas" de educação de modo que, não se adaptando ao sistema geral de educação, o excepcional deveria/deve ser enquadrado em um sistema especial de educação, entendendo-se que

> [...] as ações educativas desenvolvidas em situações especiais estariam à margem do sistema escolar ou "sistema geral de educação" (MAZZOTTA, 1996: 68).

Mazzotta ainda diz que, quando o Estado se compromete na subvenção de toda iniciativa privada considerada eficiente aos Conselhos Estaduais de Educação, não se estabelece uma definição na distribuição das verbas públicas, já que

> não fica esclarecida a condição de ocorrência da educação de excepcionais; se

por serviços especializados ou comuns, se no "sistema geral de educação" ou fora dele (op. cit.: 68).

Ainda, segundo Buffa (1979: 20), durante a tramitação da LDB/61, a discussão a respeito da responsabilidade do Estado em relação à educação já se faz presente, explicitada no conflito escola particular x escola pública. Mais especificamente, desde 1956 a ideia de descentralização da educação brasileira combina-se aos interesses privados.

Em 1967, a primeira Constituição após o Golpe Militar de 1964 prevê o estabelecimento dos planos nacionais de educação e a Emenda Constitucional de 1969 estabelece a execução desses planos nacionais, assim como o dos planos regionais de desenvolvimento. A legislação sobre as diretrizes e bases da educação nacional também é revista. Desse modo, em 1971, a Lei educacional 5.692, em seu art. 1°, assume como objetivo geral da educação de 1° e 2° graus "proporcionar ao educando a formação necessária ao desenvolvimento de suas potencialidades como elemento de autorrealização, qualificação para o trabalho e preparo para o exercício consciente da cidadania". Nesse contexto, a educação é vista como necessária para o progresso da sociedade, pois possibilita a adaptação do indivíduo em seu meio.

Ainda no art. 9° da 5.692/71, podemos notar uma preocupação na caracterização da clientela de Educação Especial, que é definida como:

> alunos que apresentem deficiências físicas ou mentais, *os que se encontrem*

em atraso considerável quanto à idade regular de matrícula e os superdotados (grifo nosso).

Que leitura podemos fazer dessa definição? Que critérios estariam presentes para o estabelecimento dessa população?

Uma das leituras possíveis é que a identificação da clientela da Educação Especial com os "problemas de aprendizagem" e "sociais", surgidos no ingresso da população economicamente menos favorecida à escola com a expansão da rede pública, reitera a posição de descaso do serviço público em relação à população realmente com deficiências. Por essa especificação legal, é atribuída à Educação Especial a responsabilidade de atendimento de crianças sem, necessariamente, possuir qualquer deficiência, ou, em outras palavras, torna-se legítima a transformação de crianças "atrasadas" em relação à idade regular de matrícula em "deficientes mentais educáveis" ou "treináveis"[8]. O sucesso ou fracasso dessa clientela é, nesse contexto, respaldado pelo discurso das "potencialidades inatas".

Podemos verificar como uma das consequências posteriores dessa política de atendimento os dados fornecidos pelo Ministério da Educação no ano de 1981, quando 17,1% de alunos que recebiam atendimento especializado encontravam-se em instituições

---

8. Em outra oportunidade, pudemos registrar e analisar o encaminhamento de crianças para as classes especiais estaduais, no município de Corumbá-MS, sem qualquer diagnóstico formal por parte da escola. Ver KASSAR (1994; 1995).

administradas pelo Estado (municipal, estadual ou federal), contra 82,9% em instituições particulares[9].

Em 1988, novos dados fornecidos pelas Estatísticas do Ministério da Educação mostram uma alteração nas porcentagens, contudo, ainda confirmando a mesma divisão entre os atendimentos: 21,78% de alunos em instituições sob administração pública, e 78,21% em instituições privadas[10].

Durante o período de reconstrução democrática, é promulgada, em 5 de outubro de 1988, a Constituição Federal e são discutidos o Estatuto da Infância e Adolescência – ECA e a Nova Lei de Diretrizes e Bases da Educação Nacional.

A Constituição Federal traz como marca o movimento de descentralização. Esse processo caracteriza-se por um redimensionamento das competências entre a federação, estados e municípios, propiciando um afastamento gradativo do poder federal, a partir da valorização dos poderes municipais. Nesse sentido, é prevista a criação de Conselhos Municipais nas áreas sociais, que possibilitem a participação da sociedade nas decisões locais. No contexto de mobilização e participação social, o texto Constitucional é aprovado, concebendo a educação como "direito de todos e dever do Estado e da família".

Em relação à Educação Especial, a Constituição de 1988 continua priorizando o atendimento do alu-

---

9. Ver BRASIL (1984).
10. Ver BRASIL (1991a; 1991b).

no com deficiências no ensino regular e explicitando a participação das instituições particulares.

Ao mesmo tempo em que continuamos a ver a forte presença do setor privado nas propostas de atendimento, a nova Constituição prevê a garantia de salário mínimo às pessoas portadoras de deficiências e idosos que não possuírem meios para a própria manutenção (art. 203, inciso V).

Pode-se dizer que as contradições presentes na Constituição de 1988, na qual podemos identificar avanços e recuos do Estado frente às questões sociais, são, antes de tudo, registros do movimento da própria sociedade, formada por setores antagônicos, onde acaba por prevalecer as estratégias de conciliação.

Também com o apoio das associações e profissionais da área é aprovado o Estatuto da Criança e do Adolescente – ECA, ou Lei 8.069/90, que vem substituir o Código de Menores, garantindo proteção e direitos às crianças e aos adolescentes. Para a implementação plena dessa Lei é prevista a implantação de Conselhos dos Direitos da Criança e Adolescente, nos níveis federal, estadual e municipal, com ampla participação popular. Quanto à atenção dada à criança e ao adolescente com deficiências, o ECA segue a mesma linha da Constituição Federal de 1988.

Já a Nova Lei de Diretrizes e Bases da Educação – Lei 9.394/96 – tem suas discussões iniciadas na comissão de educação da Constituição Federal de 1988, com o primeiro projeto apresentado no mesmo ano, dois meses depois da promulgação da Carta Constitucional em outubro. No conflito das forças sociais podemos buscar indícios para entender o texto que vai se estabelecendo durante os oito anos de debates em sua tramitação. A LDB apresenta a educação como "dever da família e do Estado".

Podemos dizer que há, nesse momento, uma inversão dos papéis do Estado e da família diante da responsabilidade do oferecimento da educação. Em outras palavras, parece haver no texto da legislação educacional um certo "distanciamento" do Estado em relação a esse "dever".

Uma questão "apenas" de retórica? O "distanciamento" do texto vai ganhar sentido especial quando contextualizarmos a legislação no movimento da sociedade...

Desde o início da década de 1990 há a presença marcante de um discurso "modernizador" do Estado, que se torna mais evidente no governo de Fernando Collor de Mello (1990-1992).

A partir desse momento, as instituições particulares assistenciais ganham o estatuto de "Organismos (ou Organizações) Não-Governamentais" (as "ONGs") e a presença dessas associações na sociedade é apresentada como uma necessária e fundamental "parceria" para o desenvolvimento do país:

> É muito difícil pensar na integração do portador de deficiência como processo independente das articulações e parcerias a serem estimuladas dentro do MEC, com outros Ministérios, com Organizações Não-Governamentais Especializa-

das, com a sociedade civil e, até, com organismos internacionais (Secretaria de Educação Especial, 1994).

Com o governo Fernando Henrique Cardoso há um movimento explícito de reorganização do papel do Estado, principalmente a partir da elaboração do Plano Diretor da Reforma do Aparelho do Estado (MARE, 1995). Nesse documento, no qual vem se pautando a organização do país, o Estado

> abandona o papel de executor ou prestador direto de serviços, mantendo-se, entretanto, no papel de regulador e provedor ou promotor destes, principalmente dos serviços sociais como educação e saúde... (MARE, 1995: 12).

Na posição assumida atualmente pelo Governo Federal, as instituições assistenciais passam a ser concebidas como "Instituições Públicas Não-Estatais" e são conclamadas a assumir a responsabilidade dos serviços sociais.

Voltando à Lei de Diretrizes e Bases da Educação Nacional de 1996, podemos dizer que, por toda significação que uma legislação tem no movimento da sociedade, é importante perceber que para se discutir as possibilidades de atendimento educacional às pessoas com deficiências não devemos nos restringir apenas ao capítulo V.

Tendo em mente esse aspecto, verificamos que na LDB de 1996, seguindo os preceitos apresentados pela Constituição Federal, o acesso ao ensino fundamental é garantido como "direito público subjetivo". O texto ainda explicita que esse ensino pode ser exigido do poder Público pelo cidadão, grupos de cidadãos, associação comunitária, entidade de classe ou outra legalmente constituída, bem como pelo ministério Público (art. 5º). Isso significa que o cidadão tem não só garantido esse direito como, também, a possibilidade de exigi-lo, de forma legal, individualmente ou por decisão política coletiva.

Especificamente quanto ao atendimento das pessoas com deficiências, a Lei 9.394/96 propõe "o atendimento educacional especializado gratuito aos educandos com necessidades especiais, preferencialmente na rede regular de ensino" (art. 4º, III) e prevê, pela primeira vez, a existência de serviços de apoio especializado na escola regular (art. 58, § 1º), abrindo a possibilidade ao atendimento em classes, escolas ou serviços especializados, quando não for possível a integração na classe comum. Explicita, também, a oferta de Educação Especial como dever do Estado, na faixa etária de zero aos seis anos, dentro da previsão das mudanças que devem ocorrer na educação infantil (art. 58, § 3º).

Quanto à situação das instituições, a Lei reafirma o compromisso de subvenção às instituições especializadas assistenciais, prevendo o estabelecimento de critérios para a sua caracterização.

No entanto, apesar da subvenção, a nova legislação anuncia como *alternativa preferencial* a *ampliação do atendimento ao deficiente na própria rede pública de ensino*, independentemente do apoio previsto à iniciativa privada (art. 60, § único).

A partir dessa breve apresentação da Educação Especial em nosso país, podemos traçar algumas análises.

A história da Educação Especial vem desenvolvendo-se na história de nossa sociedade com seu movimento contraditório. Atualmente encontramos a presença de um discurso que exalta a formação de associações privadas para assumir as funções sociais. Se concebemos o acesso ao ensino como um direito público subjetivo, podemos dizer que a presença das instituições assistenciais, responsabilizando-se por serviços de atendimento de setores educacionais, através de ações (assistenciais/filantrópicas/comunitárias) de "parceria", colaboram para o afastamento gradativo do Estado em relação à responsabilidade sobre essa obrigação.

Como nos lembra Ferreira e Nunes (1997: 18),

> a evolução da Educação Especial brasileira está muito ligada às instituições de natureza privada e de caráter assistencial, que acabam por assumir um caráter supletivo do Estado na prestação de serviços educacionais, e uma forte influência da definição das políticas públicas.

Ou, ainda, como analisa Jannuzzi (1996; 1997), a presença das instituições assistenciais nos serviços de atendimento na Educação Especial caracteriza-se como uma verdadeira simbiose entre o setor público (entendido aqui como público estatal) e o setor privado.

O movimento recente da sociedade brasileira tem, por um lado, apontado para o fortalecimento dessas instituições, com o discurso constante das "parcerias" e com a caracterização dessas instituições como "públicas não-estatais". Mas, por outro tem levado à defesa de um discurso "inclusivo", desde a elaboração do Plano Decenal de Educação Para Todos, em 1993, reforçado pela promulgação da LDB em 1996.

De certo modo, na história da Educação Especial o atendimento à população com deficiências mais severas revela-se, apenas, quando enfocamos as "margens" da Educação, através da presença das instituições assistenciais, das "parcerias" do atendimento entre os setores público e privado, visto que não há previsão direta de atendimento a pessoas com deficiências mais graves pelo serviço público, especialmente no setor educacional.

O discurso assistencialista presente historicamente na educação brasileira vem ganhando outras versões. Atualmente ele aparece como consoante ao discurso da democracia, uma vez que o envolvimento da sociedade na formação de associações civis é visto como fundamental para o seu estabelecimento:

> A participação dos cidadãos é essencial para consolidar a democracia e uma sociedade civil dinâmica é o melhor instrumento de que dispomos para reverter o quadro de pobreza, violência e exclusão social que ameaça os fundamentos de nossa vida em comum (OLIVEIRA, Miguel Darcy de. Prefácio. In: FERNANDES, 1994).

O problema de acesso aos direitos construídos historicamente pelas sociedades, cujo cerne está na organização econômica de um país, tem sido abordado hoje como uma responsabilidade da sociedade, uma questão de "boa vontade" e de filantropia.

Talvez caberia perguntar: qual o significado da luta pela educação inclusiva – ou da luta pela educação para todos – diante do movimento atual de valorização das instituições "públicas não-estatais"?

Atualmente não encontramos mais leis ou decretos proibindo explicitamente a matrícula de crianças com deficiências nas escolas como nos exemplos citados acima, do início do século XX (Decreto-lei 1.216 de 1904 do Estado de São Paulo ou Decreto-lei 7.970-A de 15 de outubro de 1927 do estado de Minas Gerais). No entanto, a apresentação da possibilidade de adequação das escolas aos alunos com deficiências apareceu apenas em 1996.

Imersa nas contradições do movimento social, a explicitação, pela Lei de Diretrizes e Bases de 1996, da possibilidade de implantação de serviços mais especializados na própria rede regular de ensino, juntamente ao anúncio da "alternativa preferencial" de ampliação do atendimento ao deficiente na própria rede pública, pode significar a possibilidade de atendimento de pessoas com deficiências mais graves nas escolas do país e a efetivação da educação como direito público subjetivo. Para que isso seja possível, ressaltamos a importância dos Conselhos Estaduais e Municipais de Educação, no que se refere à efetivação da conquista desse direito.

Bibliografia

AZEVEDO, Janete M. Lins (1997). *A Educação como política pública*. Campinas: Autores Associados.

BAKTHIN, M.M. (1988). *Marxismo e filosofia da linguagem*. São Paulo: Hucitec.

_____ (1992). *Estética da criação verbal*. São Paulo: Martins Fontes.

BANCO MUNDIAL (1997). *Informe sobre el desarrollo Mundial* [www.worldbank.org/].

BRASIL (1975). *Educação Especial* – Cadastro geral dos estabelecimentos do ensino especial. 2º vol. Brasília: Ministério da Educação e Cultura.

_____ (1984). *Educação Especial no Brasil* – Síntese estatística. Brasília: Ministério da Educação e Cultura.

_____ (1988). *Constituição Federal 1988*. Brasília [s.e.].

_____ (1991a). *Sinopse estatística da Educação Especial*. Vol. I. Brasília: MEC/CIP.

_____ (1991b). *Sinopse estatística da Educação Especial*. Vol. II. Brasília: MEC/CIP.

_____ (1998). *Informe estatístico da educação básica* – *Evolução recente das estatísticas da educação básica no Brasil*. Brasília: MEC/Inep.

BUENO, José Geraldo S. (1991). *Educação Especial brasileira* – A integração/segregação do aluno deferente. São Paulo: PUC [Tese de doutorado em Educação].

BUFFA, Ester (1979). *Ideologias em conflito*: escola pública e escola privada. São Paulo: Cortez & Moraes.

CARVALHO, Marta M.C. (1997). Quando a história da Educação é a história da disciplina e da higienização das pessoas. In: FREITAS, Marcos C. de (org.). *História Social da Infância no Brasil*. São Paulo: Cortez/USF.

COSTA, Jurandir F. (1976). *História da psiquiatria no Brasil*. Rio de Janeiro [Documentário].

CURY, Carlos R.J. (1988). *Ideologia e educação brasileira – Católicos e liberais*. 4. ed. São Paulo: Cortez/Autores Associados.

DIAS, Maria Helena P. (1995). *Helena Antipoff*: pensamento e ação pedagógica à luz de uma reflexão crítica. Campinas: Unicamp [Dissertação de mestrado em Educação].

DRAIBE, Sônia (1993). Qualidade de vida e reformas de programas sociais: o Brasil no cenário latino-americano. *Lua Nova* – Revista de Cultura e Política, 31 [s.n.t.].

FERNANDES, Rubem C. (1994). *Privado porém público* – O Terceiro Setor na América Latina. 2. ed. Rio de Janeiro: Relume-Dumará.

FERREIRA, J. & NUNES, L. (1997). A Educação Especial na nova LDB. In: ALVES, N. & VILLARDI, R. (orgs.). *Múltiplas leituras na LDB* – Lei de Diretrizes e Bases da Educação Nacional (Lei 9.394/96). Rio de Janeiro: Qualitymark/Dunya.

JANNUZZI, G. (1985). *A luta pela educação do deficiente mental no Brasil*. São Paulo: Cortez/Autores Associados.

_____ (1996). Política estatal oscilante de Educação Especial e a produção de conhecimento. *V Seminário de pesquisa em Educação Especial*. Niterói.

_____ (1997). As políticas e os espaços para a criança excepcional. In: FREITAS, M.C. (org.). *História social da infância no Brasil*. São Paulo: Cortez/USF.

GUIRALDELLI Jr., P. (1991). *Pedagogia e luta de classes no Brasil (1930-1937)*. Ibitinga: Humanidades.

KASSAR, M. (1988). Situação da Educação Especial no Brasil diante da legislação existente. *Revista Brasileira de Ciências do Esporte*, vol. 9, n. 3, maio [s.n.t.].

_____ (1994). Diagnosticar a deficiência mental: sim ou não? *Revista Brasileira de Educação Especial*, vol. 1, n. 2 [s.n.t.].

_____ (1995). *Ciência e senso comum no cotidiano das classes especiais.* Campinas: Papirus.

KASSAR, M. & OLIVEIRA, R. (1997). Aspectos da legislação educacional brasileira no atendimento a alunos com necessidades educativas especiais. *Intermeio – Revista do Mestrado em Educação*, vol. 3, n. 6, p. 5-11. Campo Grande: UFMS.

MAZZOTTA, Marcos (1996). *Educação Especial no Brasil* – História e políticas públicas. São Paulo: Cortez.

OLIVEIRA, Regina T. Cestari (1997). *A LDB e o contexto nacional* – O papel dos partidos políticos na elaboração dos projetos. Campinas: Unicamp/Faculdade de Educação [Tese de doutorado].

PEIXOTO, Anamaria C. (1981). *A Reforma Educacional Francisco Campo* – Minas Gerais, Governo Presidente Antônio Carlos. Campo Grande: UFMS [Dissertação de mestrado em Educação].

RIBEIRO, Maria Luisa S. (1979). *História da educação brasileira* – A organização escolar. 2. ed. São Paulo: Cortez & Moraes.

ROMANELLI, O. (1989). *História da Educação no Brasil: 1930-1973.* Petrópolis: Vozes.

SADER, E. & GENTILI, P. (orgs.) (1996). *Pós-neoliberalismo* – As políticas sociais e o estado democrático. 3. ed. Rio de Janeiro: Paz e Terra.

SECRETARIA DE EDUCAÇÃO ESPECIAL (1994). Diretrizes de atuação e ações prioritárias. *Integração*, ano 5, n. 11. Brasília: Ministério da Educação.

SILVA, Adriane G. (1995). *O movimento apaeano no Brasil:* um estudo documental (1954-1994). São Paulo: PUC [Dissertação de mestrado em Educação].

Educação Especial na Espanha

*María del Pilar González Fontao**

Contexto espanhol

A Península Ibérica é a mais ocidental da Europa e se considera uma ponte entre este continente e o africano. Em sua totalidade está formada por duas unidades políticas: Espanha e Portugal. Na Espanha diferente evolução histórica deu lugar a múltiplas regiões com personalidade própria, materializada na cultura, língua, costumes, etc.

A disposição do relevo peninsular é simples: ao centro a "Meseta" com o Sistema Central (ao norte delimitado pelo Duero, ao Sul delimitado pelo Tajo e o Guadiana, separados pelos Montes de Toledo) e em torno dela se dispõem uma série de cordilheiras circundantes (a Cordilheira Cantábria, Sistema Ibérico e Serra Morena), além de três importantes de-

---

* Doutora em Filosofia e Ciências da Educação; professora do departamento de Didática, Organização escolar e Métodos de investigação da Universidade de Vigo – Espanha; desenvolve atividades como docente no campo da formação de professores e da psicopedagogia. Sua área de investigação está centrada na diversidade educativa e na educação dos alunos superdotados; publicou vários trabalhos em forma de livros, artigos e revistas científicas e participa em diversos congressos.

pressões no exterior (Ebro, Guadalquivir e Tajo-Sado); por último, as cordilheiras Béticas e os Pireneus fecham o conjunto peninsular.

Na parte noroeste da península, domina o clima oceânico, com temperaturas suaves durante todo o ano e pelo influxo refrescante do mar e com precipitações constantes. No restante predomina o clima mediterrâneo, de forma continental no interior. Estas características naturais condicionam parte da produção econômica fortemente reorganizada dentro da Comunidade Econômica Européia. A rede de comunicações tem uma disposição radial, focalizando-se no centro – Madri.

A Espanha tem uma superfície aproximada de 500.000 km^2 e uma população em torno de 40 milhões de pessoas, cuja característica essencial é a mobilidade: a emigração exterior sofreu um freio nos últimos anos, porém as imigrações internas são constantes e, sobretudo, está havendo um forte crescimento da imigração de países do contorno territorial sul (Marrocos, Argélia...) e Europa Central (Romênia, Bulgária, Sérvia...).

Seu atual desenvolvimento esteve fortemente influenciado por diferentes eventos que foram caracterizando o século (decomposição do sistema parlamentar de Cánovas, atomização de partidos políticos, ditadura do General Primo de Rivera em 1923, triunfo de republicanos e socialistas em 1931, guerra civil 1936-1939, neutralidade nas guerras mundiais, governo de Franco até 1975 e posterior instauração da democracia com a incorporação, desde 1985, à União Européia).

Nesta linha, e desde 1978, a Espanha foi se construindo como um Estado que foi se organizando progressivamente em Comunidades Autônomas (CA).

Como Estado geral, possui determinadas competências legislativas, financeiras e de planejamento educativo, porém cada uma das CA tem uma espécie de competências específicas em cada um desses âmbitos.

Em geral, na atualidade, o Estado coordena o sistema escolar respeitando suas estruturas e programas de ensino com o objetivo de compatibilizar as ofertas educativas e qualificações dos alunos, pois as leis espanholas são aplicadas de muitas formas nas diferentes CA.

O sistema educacional na Espanha

Dada a apresentação global da situação como informamos no item anterior, o estado das autonomias criado pela Constituição Espanhola (CE) de 1978 alcança atualmente um grande desenvolvimento com relação às competências em matéria de ensino, que têm sido uma das primeiras e as mais importantes que foram sendo geradas. O marco principal estava regulamentado pela publicação, em 1983, da LRU – "Ley de Reforma Universitária" a que se seguiu a reforma educacional com a publicação da Lode – "Ley Orgánica del Derecho a la Educación". Em 1990 foi publicada a Logse – "Ley Orgánica General del Sistema Educativo", que pretendia reformar em profundidade o currículo, ampliando a idade escolar obrigatória até os dezesseis anos e criando um novo nível educacional, o Ensino Secundário Obrigatório. Em 1995 foi publicada a última lei que encerraria o ciclo de reformas, a Lopegce – "Ley Orgánica de Participación, Evaluación y Gobierno de los Centros Educativos".

Em nível da autonomia, não aconteceu até fevereiro de 1992, quando houve o acordo de desenvolvimento da lei orgânica que supunha a transferência de uma série de competências e que viria imediatamente seguida da reforma dos distintos Estatutos de Autonomia, para incorporar a eles as novas competências. Assim, fazendo uso da capacidade de desenvolvimento legislativo e de execução da política educativa, cada comunidade autônoma foi modelando seu próprio sistema para configurar um modelo educacional que respondesse a suas necessidades e expectativas de futuro. Assim, os diversos governos autônomos intervieram e intervêm na dotação e distribuição de recursos pressupostos destinados à educação, no desenho de sua rede de centros ou mapa escolar, na definição dos moldes do professorado e serviços de inspeção técnica, no estabelecimento do currículo das distintas etapas educacionais e em muitos outros aspectos que marcam a implantação da Logse em seu território e condicionam o dia-a-dia de suas aulas.

Neste sentido, é manifesta a existência de certas comunidades que cresceram mais que outras com relação ao pressuposto global dedicado à educação. (O aumento foi percentualmente mais importante na Andaluzia e Canárias, enquanto em outras regiões o crescimento foi menor, inclusive tendo se reduzido, como foi o caso do território MEC.)

Além disso, se analisarmos as intenções dos diferentes governos autônomos, comprovaremos que entre eles existem prioridades diferentes. Enquanto na Andaluzia dedica-se uma parcela importante à educação de adultos, à educação especial e à educação compensatória, estas questões têm menos relevância no País Basco ou em Navarra, os quais destinam seus orçamentos para subvencionar as entidades privadas. A Galícia é a única comunidade que designa uma parte de seu orçamento para a educação no exterior. Canárias dedica mais dinheiro a investimentos próprios e a Catalunha possui o organograma administrativo mais caro, comparando-se com o restante das comunidades, isto porque muitas das competências determinadas não dependem diretamente do Departamento de Educação.

Geralmente, as diferentes administrações educacionais formam seus próprios currículos escolares, e as diferenças entre umas e outras não são demasiadamente significativas. Neste sentido, pode-se dizer que a grande reforma proposta pelo MEC (Logse) adaptou um sistema educacional capaz de garantir uma educação de maior qualidade, com um caráter básico e formativo e mais prolongado do que as propostas da LGE de 1970 e a Lode de 1985.

Em nível estrutural, a reorganização do sistema educativo se estabeleceu nas seguintes etapas:

• *Educação Infantil*: constitui o nível inicial do sistema educacional ao integrar as crianças (0-6 anos) numa etapa docente na qual se reúne um conjunto de experiências que favorecem o desenvolvimento das capacidades referidas a atividades físicas, intelectuais, morais, comunicativas, sociais e afetivas da criança.

- *Educação Primária*: constitui uma etapa obrigatória e gratuita que compreende a faixa de 6 aos 12 anos. O ponto mais importante que define este período é o entendimento globalizador e compreensivo para que os conteúdos das distintas disciplinas se dividam em áreas de conhecimento e de experiência que se mantém durante toda a etapa. Os alunos estão vinculados a um mesmo professor nos ciclos educativos de toda a etapa, exceto nas áreas que necessitam certa especialização (Idiomas, Música e Educação Física). Ao final, quando um aluno não alcança resultados satisfatórios, se possibilita que permaneça mais um ano na etapa. A avaliação é formativa e se fundamenta em um relatório dirigido aos pais, em que são comunicados os progressos que seus filhos realizam, assim como as dificuldades que encontram no processo de aprendizagem. Para os demais, a passagem da E.P. para a E.S. é automático.

- *Educação Secundária*: compreende 4 níveis, dos 12 aos 16 anos, e organiza-se em ciclos de dois anos cada. O primeiro ciclo é de caráter geral, com um programa comum para todos os alunos e que contempla as áreas de aprendizagem, típicas de um currículo europeu, isto é, Língua Espanhola, Matemática, Ciências Naturais, Tecnologia, História, Geografia, além das áreas dirigidas a desenvolver capacidades estéticas como a Música, as artes expressivas ou a Educação Física e um segundo idioma. Além disso, o currículo de ensino obrigatório busca uma série de áreas de conhecimento como a educação para a saúde, a educação ambiental, o consumo, a educação para a paz, educação moral e cívica, educação de trânsito, educação de igualdade dos sexos, que em muitos casos são articuladores de outros conteúdos. O segundo ciclo (dos 14 aos 16 anos) apresenta maior margem de opções. Dadas suas características, esta etapa educacional cumpre uma dupla finalidade: a de ter um valor terminal, pois tem que proporcionar aos estudantes uma cultura completa e sólida que garanta seu ingresso no mundo profissional em igualdade de condições e a de preparar esses alunos para continuar a Educação Secundária pós-obrigatória, mesmo que optem pelo Bacharelado como pela Educação Técnica Profissional. Ao final da ESO, se entrega ao aluno um certificado chamado GES – Graduado em Educação Secundária – que é acompanhado de um relatório orientador sobre os estudos que se sugere a esse aluno.

• *Bacharelado*: tem uma duração de dois anos e se considera como uma etapa não obrigatória, mesmo que gratuita. Está estabelecido dentro das seguintes modalidades: Bacharelado de Humanidades e Ciências Sociais, de Tecnologia, de Ciências da Natureza e da Saúde e Artístico Musical. O programa está organizado através de disciplinas comuns para todos os alunos, disciplinas específicas de cada modalidade e disciplinas optativas dentro de cada modalidade, orientadas para que cada aluno vá construindo seu próprio currículo em relação à universidade ou aos ciclos de formação profissional de ensino superior. O certificado obtido é o mesmo para todos os alunos e válido para o acesso aos estudos universitários, após terem sido aprovados em um exame de madureza que permite o ingresso na universidade.

• *Formação Profissional*: É composta por dois grupos: FP, base que utiliza disciplinas gerais de caráter pré-profissional incluídas na Educação Secundária e no Bacharelado, como áreas optativas que orientam o aluno ao conhecimento do mundo profissional e laboral, e a FE, Formação Específica, que se estrutura em ciclos formativos que constituem o conjunto de habilidades e capacidades necessárias para exercer seus conhecimentos em um amplo número de profissões. A formação profissional específica se organiza em dois níveis:

a) Formação Profissional de grau médio. Acessa-se este nível com o título de graduado em Educação Secundária.

b) Formação Profissional Específica de Grau Superior. Está aberta àqueles alunos que tenham sido aprovados em todas as disciplinas do Bacharelado ou a maiores de 20 anos que acessem esse ciclo mediante uma prova específica ou uma declaração de experiência de trabalho relacionada diretamente com o ciclo formativo escolhido.

Nesses momentos, a estrutura geral do Sistema Educacional, respeitada nas distintas CA, está conduzindo a debates sobre o tema da compreensão e da diversidade e, por conseguinte, a introduzir mais medidas de atenção à diversidade, sobretudo para aqueles alunos que, com 16 anos, não tenham intenção de continuar seus estudos.

Por outro lado, desde 1999, temos que a transferência de competências em matéria de ensino alcançou a todas as Comunidades Autônomas (assim, o estado em que nos encontramos agora é muito diferente do início dos anos 80, que protagonizou as primeiras transferências na educação na Catalunha e no País Basco) além de ter sido produzido um forte acréscimo efetivo com respeito ao professorado. Este crescimento afetou fundamentalmente o setor público (o privado se mantém aproximadamente no mesmo número de professores há dez anos). Isso permitiu, entre outras coisas, rebaixar a distribuição de alunos na escola pública, que se situa agora em torno dos 20 alunos por unidade Infantil e Primária e 26 nas unidades Secundárias Obrigatórias, enquanto que na escola privada se encontra um número em torno dos 25 na Educação Primária e 30 na Secundária, sendo que as condições de trabalho do professorado são bastante diferentes nessas comunidades e em outras. Isto é devido não só às diferenças salariais como também à composição dos mapas dos centros educacionais, ao número de alunos por classe, à porcentagem de alunos com necessidades especiais em cada grupo, à existência ou não de apoios internos e externos às normas que regulam a organização dos centros em cada comunidade, etc.

O sistema de Educação Especial

Se fizermos um rápido percurso pela história encontraremos que na Espanha a atenção voltada às pessoas com dificuldades não se inicia até o século

XV e continua com ações isoladas através dos séculos XVI, XVII, XVIII e XIX, no qual se inicia de forma progressiva a educação de surdos, cegos e dos deficientes mentais.

Foi no início do século XX que se pôde falar de institucionalização na educação especial. A criação e proliferação de centros específicos para deficientes mentais, físicos, sensoriais, autistas, etc., com docentes altamente especializados e materiais adequados deu lugar a uma educação segregada.

Na segunda metade do século XX têm lugar os primeiros movimentos que fazem cambalear o modelo de centros específicos a serem questionados por parte de pais e profissionais, por não responderem ao objetivo com que inicialmente foram criados: facilitar a inserção na sociedade dos membros mais desfavorecidos. Nesse clima, é nos anos 70 que aparecem no sistema educacional espanhol as classes de EE contempladas na *Ley general de Educación* de 1970, frut-,o de uma EE concebida como sistema educacional segregado e à margem do sistema geral.

Neste contexto, as classes de EE foram existindo à margem do funcionamento dos centros onde se criavam. Eram concebidas para que nelas recebessem atenção educativa alunos com algum tipo de problema ou atraso em seu desenvolvimento por haver tido, na realidade, um funcionamento diferente. É por esse motivo que a EE foi sendo considerada como um subsistema ou modalidade do sistema educacional geral, dotado de um órgão diretor próprio: O Instituto Nacional de EE.

A partir do ano de 1978, com o artigo 49 da Constituição Espanhola, se inicia a organização de uma política de prevenção, tratamento, reabilitação e integração em relação aos diferentes tipos de deficiências. No mesmo ano, o Ministério da Educação e Ciência apresentou o Plano Nacional de Educação Especial, que propôs a introdução, na Espanha, do princípio de normalização, em virtude de todos os cidadãos terem direito a utilizar os serviços da comunidade e levarem uma vida o mais normal possível. Os pressupostos teóricos eram os mesmos: integração escolar, setorização de serviços educativos e individualização do ensino, passaram a fazer parte de uma política educacional em favor dos alunos com incapacidades.

O Plano Nacional de Educação Especial foi apresentado em Salamanca em 1979 e foi incorporado à "Ley de Integración Social dos Minusválidos" de 1982. A Lismi foi criada a partir da Constituição de 1978, que em seu artigo 49 reclamava para os deficientes os mesmos direitos gerais que a Constituição defende para todos os espanhóis. Além disso, na seção "De la educación" incluía uma referência concreta à educação e à formação em seus distintos níveis daqueles que destacamos no artigo que dá especial atenção à integração escolar e à integração na Universidade:

- *Integração escolar*: "O deficiente se integrará no sistema ordinário da educação geral, recebendo, conforme seu caso, os programas de apoio e recursos que a presente lei reconhece" (art. 23).

• *Integração universitária*: "Os deficientes que façam cursos universitários, cuja deficiência lhes dificulte gravemente a adaptação ao regime de convocações estabelecido como caráter geral, poderão solicitar, e os centros deverão conceder, a ampliação do número das mesmas na medida em que sejam necessárias para compensar suas necessidades. Sem diminuição do nível exigido, as provas se adaptarão, conforme o caso, às características da deficiência que apresente o interessado" (art. 31).

Esta política educacional de interação escolar teve seu motor principal com o Programa de Integração Escolar proposto pelo MEC, segundo a normativa emanada do *Real Decreto 334/1985 de Ordenación de la Educación Especial* para a implantação de um período experimental de cinco anos. Transcorridas as três primeiras séries de vigência do RD de Ordenación da EE aparece a *Orden de 25 de febrero de 1988 sobre planificación de la Educación Especial* e ampliação do Programa de Integração no período de 1988/1989.

Contudo, os aspectos mais significativos da legislação na EE da década de 80 propuseram um grande esforço e avanço enquanto se tentava organizar e dotar recursos à escolarização dos alunos de uma óptica integradora, ainda que a intervenção educacional no contexto ordinário tenha se caracterizado por apresentar um enfoque terapêutico e clínico.

Assim, temos que o programa de integração que se iniciou em 1985 supôs uma mudança importante na atenção educacional dos alunos com necessidades educativas especiais e teve, por sua vez, importantes implicações nos objetivos e na perspectiva dos Centros de Educação Especial. Poucos anos depois, o Parlamento aprovava a Lei 1/1990, de 3 de outubro, de *Ordenación General del Sistema Educativo* (Logse) que passou a modificar substancialmente a estrutura do sistema educacional espanhol, propondo novos objetivos educativos e incorporando os novos conceitos relacionados com a Educação Especial. As propostas educativas oriundas da Logse em seus artigos 36 e 37 assinalam 4 transformações relevantes que devem ser levadas em conta:

• A incorporação, pela primeira vez, na legislação espanhola, do conceito de necessidades educativas especiais com tudo que isso implica com relação ao modelo de intervenção.

• O caráter dos objetivos gerais para esses alunos (os mesmos que se estabelecem de forma geral para todos).

• As possibilidades de realizar adaptações e diferenciações do currículo. Não há no sistema educacional senão um único sistema que se adapta à diversidade dos alunos.

• A participação dos pais nas dimensões que afetem a escolarização dos alunos.

Derivando daí, se produz no meio educacional a mudança de práticas segregadoras e práticas e experiências integradoras. Dessa maneira, se pode assistir a uma mudança na orientação do movimento da institucionalização e da desinstitucionalização.

Contudo, como expressa Rico (1987), "surgiu com a melhor intenção a escola separada [...] como uma ocasião para atender com melhores meios às crianças que necessitavam outros recursos superiores aos ordinários". E como aponta Siegel (1969), foi o fracasso demonstrado pela educação geral para atender às dificuldades individuais o que constituiu a base sobre a qual se configurou o modelo da Educação Especial.

A própria legislação contempla a reconversão dos centros específicos de educação especial da seguinte forma:

a) Será proposta a escolarização em centros de educação especial daqueles alunos com necessidades educativas permanentes... quando se considere que seria mínimo seu nível de adaptação e de integração social em um centro escolar ordinário (R.D. 696, sec. 2º art. 19.1).

b) Os centros de educação especial iriam se configurando progressivamente como centros de recursos educacionais abertos aos profissionais dos centros educativos do setor (R.D. 696, sec. 2º art. 24.2).

Geralmente, a integração escolar propõe a unificação da educação ordinária e especial em uma única educação. Assim, uma vez finalizado o período de educação obrigatória, os alunos com necessidades educacionais especiais que tenham obtido o certificado de Graduado em Educação Secundária poderão optar pelos Ciclos Formativos de Formação Profissional de Grau Médio ou pela modalidade de Bacharelado. Em ambos os casos, os Departamentos de Orientação proporcionarão o apoio correspondente em função das necessidades educacionais especiais dos alunos.

Agora, os alunos que não tenham obtido o certificado de Graduado em Educação Secundária poderão continuar sua escolarização mediante três propostas relacionadas com a Formação Profissional Especial: Programas de Garantia Social, Programas de Transição à Vida Adulta e Laboral.

Além disso, temos que ter presente a promulgação da Lei Orgânica 9/1995 de 20 de novembro, da participação, avaliação e governo dos centros docentes (Lopeg) que garante a escolarização dos alunos com necessidades educacionais especiais nos centros docentes sustentados com recursos públicos. Para isso, os centros de uma mesma zona deverão escolarizar a estes alunos em igual proporção, de acordo com os limites e recursos que as administrações educativas determinem.

Fora essas leis orgânicas que regulam o novo sistema educacional espanhol, se desenvolveram dois "Reais Decretos" em relação à atenção educacional das crianças com necessidades educacionais especiais:

a) *Real Decreto 696/1995, de 28 de abril, que regula as condições para a atenção educacional dos alunos com necessidades especiais* associadas à sua história educacional, escolar ou devido a condições de superdotados ou de incapacidade psíquica, motora ou sensorial. Trata-se de perfilar os diversos tipos de necessidades educacionais especiais e, em função de cada uma, o tipo de intervenção psicopedagógica, pois "não todas as necessidades especiais são da mesma natureza, têm uma mesma origem ou requerem para serem atendidas, atuações e meios similares". Por isso também se regula, primeiramente, a partir de uma óptica normativa, a distinção entre necessidades especiais temporais e permanentes e se distingue o tipo de *Acnee* segundo as causas e etiologia. Os capítulos 2 e 3 abordam mais especificamente o desenvolvimento da escolarização de *Acnee* associadas a condições pessoais de incapacidade e superdotação intelectual.

b) Real Decreto 229/1996, de 28 de fevereiro, de ordenação das ações dirigidas à compensação das desigualdades em educação derivadas de fatores sociais, econômicos, culturais, geográficos, étnicos ou de qualquer outro tipo. Entre seus objetivos figuram:

• Promover a igualdade de oportunidades de acesso, permanência e promoção a uma educação de qualidade para todas as crianças, jovens e adultos dando atenção preferencialmente àqueles setores que, por sua situação geográfica ou por suas condições sociais, se vejam mais desfavorecidos, articulando medidas que tornem mais efetiva a compensação das desigualdades iniciais.

• Facilitar a incorporação e integração social e educativa de todo o alunado, contrapondo os processos de exclusão social e cultural e desenvolvendo atitudes de comunicação e respeito mútuo entre todos os alunos, independentemente de sua origem cultural, linguística e étnica.

- Potencializar os aspectos de enriquecimento que aportam as diferentes culturas, desenvolvendo aqueles relacionados com a manutenção e difusão da língua e cultura própria dos grupos minoritários.

- Fomentar a participação dos diferentes setores da comunidade educacional e o restante dos estamentos sociais para tornar efetivo o acesso à educação e à sociedade em igualdade de oportunidades.

- Impulsionar a coordenação e a colaboração do Ministério de Educação e Ciência com outras administrações, instituições, associações e organizações não-governamentais para a convergência e desenvolvimento das ações de compensação social e educativa dirigidas a muitos alunos em situação de desvantagem.

Além disso, esses Reais Decretos emitem a Ordem de 14 de fevereiro de 1996, que dispõe sobre o procedimento para a realização da avaliação psicopedagógica e as normas de escolarização, estabelecendo-se os critérios para a escolarização dos alunos com necessidades especiais que estejam cursando as disciplinas do regime geral estabelecidas na Lei Orgânica 1/1990, de 3 de outubro, da Coordenação Geral do Sistema Educacional.

O debate da reforma em Educação Especial: a escola para todos

Mesmo que com caráter geral, se considera que a integração escolar na Espanha se iniciou a partir do Real Decreto 334/85, da Coordenação Geral de Educação Especial, porém já haviam sido desenvolvidas muitas experiências em nosso país. A partir da reforma implantada no início dos anos 90 (Logse, 1990) foi se assumindo progressivamente uma política educacional e curricular comum para todos os estudantes. Esse projeto de currículo básico ou comum, também chamado de prescritivo, corresponde às administrações educacionais em nível central e autônomo, em função das competências que tenham nesta matéria.

Este nível prescritivo devia ser obrigatório em todos os centros educacionais. Nele se assinalavam os objetivos gerais de etapa e de área, os blocos de conteúdos e as orientações didáticas, assim como de avaliação que incluíam os princípios para o projeto das atividades de ensino-aprendizagem e avaliação que deram lugar a projetos curriculares de cada etapa.

As propostas que nesse momento se apresentam mantêm um caráter flexível, onde em cada instituição se realizam adaptações em função da realidade educacional, social e ambiental determinadas nos Projetos de Centro (Projeto Educacional de Centro e Projeto Curricular de Centro). As decisões tomadas a esses níveis serão concretizadas posteriormente, pelo tipo de equipe de professores, em documentos mais específicos para ajustá-las às características dos alunos dos distintos grupos-aula, organizando o currículo da série. As programações de aula realizadas pelos professores devem fazer referência ao trabalho em classe e à preparação prévia das tarefas que se vá realizar com os alunos. Para sua elaboração deverão ser levados em conta os documentos que correspondem aos níveis anteriores de realidade e o objetivo fundamental será a ordem e a sequência das unidades de programação por áreas e cursos, especificando os objetivos, conteúdos, atividades de ensino-aprendizagem e avaliação (GONZÁLEZ FONTAO, 1998a).

Através desses projetos de programação, cada professor realiza as adaptações necessárias, analisando as capacidades, interesses, conhecimentos e motivações do grupo de alunos que estejam sob sua responsabilidade. Esta forma de proceder no planejamento e atuação docentes exige assumir as diferenças do grupo-aula como algo característico do dever pedagógico (GONZÁLEZ FONTAO, 1996). Também requer uma valoração individualizada em que se fixam as metas que o aluno há de alcançar a partir de critérios derivados de sua própria situação inicial. Desta valoração, enfim, nasce a necessidade de implantar individualmente finalidades, estratégias diferenciadas, de permitir ritmos distintos e níveis de consecução diferentes, o que vem gerar as chamadas Adaptações Curriculares Individuais (GONZÁLEZ FONTAO, 1998b).

As ACI podem ser muito diferentes, pois podem fazer referência aos meios de acesso ao currículo (comunicação, tecnológicos, etc.) ou supor alterações nos próprios elementos curriculares (conteúdos, estratégias de ensino, etc.). Também se diferenciam pelo grau de significância, o que pode implicar mudanças habituais que os professores possam introduzir em sua disciplina (adaptações não significativas).

As adaptações curriculares não significativas ou reforço educacional constituem o primeiro nível de resposta individualizada. Não afetam as disciplinas básicas do currículo oficial por não modificarem substancialmente a proposta de ensino-aprendizagem com respeito ao grupo-aula, a não ser que necessitem de pequenos ajustes organizadores (reorganização dos tipos de agrupamento dos alunos, reorganização dos espaços e tempos, etc.), metodológicos (modificações no como ensinar, nos procedimentos didáticos, etc.), nas atividades (introduzindo atividades complementares ou alternativas, modificando o nível de complexidade das mesmas...), nos materiais (seleção e adaptação dos materiais...), nos conteúdos e objetivos (priorizando e sequenciando o ensino, todo ele dentro de uma ação global) e nas formas de avaliação.

Porém, a existência de um certo número de alunos cujas dificuldades não se satisfazem com o reforço educacional requer a elaboração de adaptações significativas do currículo. Essas adaptações permitem a construção da oferta educativa comum de um ciclo às maiores necessidades educacionais de um aluno implicando a eliminação/adição de algumas disciplinas básicas do currículo oficial. Podem consistir em supressão/anexação de objetivos gerais que se considerem básicos nas diferentes áreas curriculares e/ou conteúdos essenciais ou nucleares, com a consequente modificação na metodologia, temporalização e, por último, dos critérios e formas de avaliação.

Dessa forma, as disciplinas essenciais ou nucleares consideradas mais importantes são aquelas que:

• Possuem um caráter mais geral e se aplicam a um maior número de situações.

• Sejam necessárias para aprender outros conteúdos e seguir progredindo no conhecimento de cada área curricular.

• Tenham grande aplicação na vida social.

Como indicamos anteriormente, as Adaptações Curriculares Individuais se referem ao conjunto de ajustes ou modificações nos diferentes elementos da proposta educacional comum a desenvolver para um determinado aluno. Devem ser elaboradas através de uma ampla valoração do aluno e do contexto em que se desenvolve para conhecer suas manifestações, as características e necessidades educacionais que se apresentam com respeito ao currículo, de forma a concretizar a tomada de decisões e o tipo de atenção educacional mais adequada. Entre as características a se ter em conta para sua determinação figuram:

• Há de se ter como referencial o grupo-aula em que se encontra o aluno. A adaptação se realiza em função do currículo do grupo correspondente.

• Deve se ter em conta a realidade e possibilidades de êxito.

• A adaptação curricular significativa acontece na forma de documento (Diac).

Se forem tomados os devidos cuidados em relação a essas reflexões, podemos deduzir que a implantação da resposta às necessidades educacionais a partir de um currículo único para aqueles estudantes que tenham necessidades mais profundas não se alcança através de uma resposta curricular diferenciada, como se fazia anteriormente, senão uma resposta adaptada e/ou diversificada a partir do currículo comum. Com efeito, se pretendemos uma escola compreensiva, não podemos planejar um currículo inflexível para os alunos considerados "ordinários" por um lado, e, por outro, adaptações e recursos definidos para os "outros" alunos. A verdadeira igualdade de oportunidades supõe tratar cada um de acordo com suas características pessoais.

Neste sentido, a educação especial não deveria se considerar como uma educação de um conjunto determinado de alunos, senão que seu interesse deve centrar-se em considerar aquelas medidas e ações desenvolvidas no âmbito escolar com a finalidade de que os professores possam dar a resposta a todos os alunos escolarizados nos centros. Trata-se de deixar de considerar como problemas os alunos com necessidades educacionais especiais e sim como fontes de dificuldades para entrar em uma dinâmica de trabalho que permita aprender com elas e integrá-las à prática comum. Como informa Fierro (1997: 50)

na realidade, cada aluno é diferente e tem necessidades educacionais específicas, singulares. Educação especial é uma redundância e um equívoco. Com as diferenças não se pode criar um grupo à parte ou montar uma organização escolar diferenciada que de antemão é discriminada e discriminatória. A diversidade, as diferenças, estão na condição humana e a elas deve-se atentar e atender na escola. Não haveria, pois, que se falar tanto de integração e de Educação Especial quanto de educação em si, de currículo, de estratégias docentes; e nesse marco examinar as necessidades educacionais especiais e as técnicas especializadas, às vezes necessárias para alunos com essas necessidades.

Não obstante, temos de reconhecer que a situação da integração em nosso país é vista de diversas formas. A diferença está, fundamentalmente, em função das comunidades autônomas e seus particulares regulamentos, os critérios de cada delegação provincial e suas possibilidades e, finalmente, em função de cada instituição escolar e as equipes e serviços de apoio.

De forma geral, se poderia dizer que o processo de integração, nestes momentos, está sendo visto como uma fase preliminar de nossa história educacional, um processo que está suficientemente consolidado para transcender a outro enfoque da educação, que tem como base a consideração da diversidade na escola para todos.

A escola para todos é reflexo da sociedade de todos, portanto, tenta abarcar toda a diversidade, isto é, deve ser espaço educacional de todos e para todos. A escola para todos deverá atender a todos e cada um dos estudantes em relação aos objetivos próprios da educação. A educação é única e possível (não há "educação especial") ao desenvolver-se com critérios abertos, flexíveis e adaptados a cada realidade institucional. A variedade de necessidades educacionais requer flexibilidade formativa, de instruções, de orientação, execução, etc. Em consonância com isso, é preciso desenvolver-se novas formas de organização dos espaços, agrupamentos, regulamentos temporais... e também das ajudas que, em ocasiões, se proporcionam por distintos âmbitos e por parte de diferentes agentes.

Contudo, esse processo de superação da integração implica em certas mudanças. Isto não é fácil, pois se terá que enfrentar as estruturas existentes e pensar como fazer as coisas cooperativamente e de um modo diferente. Como nos informa Echeita (1994):

> Portanto, o problema não é a integração escolar em si mesma. O problema somos nós, nossos próprios limites conceituais, nossa capacidade para projetar um mundo diferente, um sistema escolar não homogêneo, em que cada qual pudesse progredir junto com outros, em função de suas necessidades particulares e que possa adaptar-se para satisfazer as necessidades educacionais de cada aluno, da mão de professores que aceita e está preparada para enfrentar a diversidade. Cada vez que um professor ou uma professora tenta programar sua disciplina com o objetivo de que seja relevante para todos os alunos de seu grupo, sem excluir precisamente aqueles com necessidades educacionais

mais complexas, terminam encontrando métodos de ensino e formas de organização que resultam úteis para todos e não só para aqueles que desencadearam o processo (p. 67).

Sapon-Chevin (1990) recorda que não devemos pretender transformar tudo prontamente. Esta autora propõe começar da seguinte maneira:

• Deixar de usar rótulos, quer dizer, deixar de rotular os alunos.

• Deixar de rotular os professores.

• Estabelecer a filosofia da inclusão como resposta à diversidade dos alunos.

• Considerar todo o pessoal da escola como um conjunto de pessoas que trabalham em uma comunidade.

• Fazer da escola uma comunidade.

• Louvar e celebrar a diversidade.

• Refletir sobre um currículo aberto.

• Enfatizar mais a colaboração que a competição.

• Fazer sentir que todos pessoalmente são responsáveis pela escola.

Para López Melero (1997) algumas chaves para iniciar mudanças significativas na escola atual são:

1) Um currículo compreensivo, único e diverso, isto é, um currículo que permita construir mecanismos e estratégias para todos os alunos para que possam familiarizar-se com o conhecimento e que lhes

sirva para resolver os problemas da vida cotidiana. O estudante tem que ser científico na escola e o profissional o mediador do saber e o que cria um cenário para buscar onde se encontra este saber.

2) A necessária reciclagem profissional dos docentes. Da reflexão à emancipação. A mudança educacional às vezes pode vir imposta pela administração, porém o aperfeiçoamento profissional é algo inerente ao próprio profissional. O projeto da escola da diversidade necessita de uma formação continuada compartilhada entre professores da escola e a universidade.

3) Interação e heterogeneidade como nova estrutura organizacional. A classe é um lugar onde se desfruta a diversidade, e a diversidade e a aprendizagem se convertem em uma atividade prazerosa. É uma atividade de contrastes, de aparências e contradições, onde a diversidade de alunos rompe o acordo preestabelecido entre aprendizagem "normal" e se buscam novos modelos de ensino-aprendizagem para restabelecer o equilíbrio educacional na aula. Nas classes heterogêneas as diferenças entre os alunos são tidas pelos professores, pelos companheiros e também pelos pais como algo normal e como algo excepcional.

4) Os profissionais têm trabalhado de modo solidário e cooperativo. Por esta perspectiva, a cultura da diversidade é uma linha permanente para legisladores, investigadores e profissionais. Não consiste em reduzir os conteúdos culturais na escola, nem os objetivos, nem buscar espaços ilhados para a edu-

cação em grupos homogêneos, nem buscar situações excepcionais de aprendizagem, senão em buscar novos estilos de ensino-aprendizagem, novos modos heterogêneos de interação, novos serviços de apoio e com outras funções na escola, um novo modelo de profissional de ensino. Assim, a existência e presença de pessoas diversas são uma oportunidade para mudar os estilos de ensino e não ocasião para destacar e acentuar o déficit. Neste sentido, o profissionalismo dos docentes deverá possuir uma dimensão coletiva (equipe docente) para compartilhar responsabilidades e os recursos didáticos que sejam necessários para desenvolver o currículo.

5) A participação da família e da comunidade como recurso e apoio no processo da educação intercultural. A educação não é um problema que afete exclusivamente à instituição escolar senão que compromete a toda a sociedade. É aqui que se deve responder aos problemas locais, não só os específicos de âmbito escolar, como também os problemas de toda a população.

Geralmente, o objetivo que marca a escola para todos é atender e ajudar às necessidades de todos e cada um dos estudantes, proporcionando a todos eles o currículo adequado e as ajudas e apoios que necessitem. Assim mesmo, os profissionais, pais e os próprios estudantes haverão de se propor a desenvolver um sentido de coletividade e apoio mútuo dentro do sistema ordinário.

Por conseguinte, a escola para todos se centra em como apoiar as qualidades e satisfazer as necessidades de cada um e de todos os estudantes na comunidade escolar para que se sintam seguros e alcancem êxito. É uma filosofia que vai mais além dos objetivos acadêmicos para destacar o papel da escola como mediadora e formadora de futuros cidadãos e membros ativos da comunidade.

Neste contexto, a classe escolar se entende como uma unidade básica organizada heterogeneamente, onde os estudantes se ajudam uns aos outros e os professores trabalham de forma colaborativa. Pode-se dizer que na classe o professor deve ser um elemento facilitador da aprendizagem e de oportunidades de apoio. Seu papel é o de autorizar aos estudantes para que proporcionem apoio e ajuda mútua entre seus companheiros e para que tomem decisões acerca de sua própria aprendizagem (VILLA & THOUSAND, 1995). Além da habilidade do professor para promover o autodirecionamento e o apoio mútuo entre companheiros, a destreza de todos os membros da classe para compartilhar e aceitar a responsabilidade de aprender são necessárias para tirar partido da diversidade do potencial de aprendizagem e do ensino.

Em nível educacional, fazermos a escola para todos supõe um processo que implica mudanças na filosofia, no currículo, na organização estrutural, nos apoios e nas estratégias de ensino. Como informa Sigmond e Baker (1995), os Estados devem ter uma legislação claramente estabelecida que inclua a escola e em níveis mais amplos de comunidade devem permitir um currículo flexível, ajudas e adaptações, assim como proporcionar materiais de qualidade e uma formação contínua de professores e equipes de apoio. Os programas baseados na comunidade devem ser vistos como aproximações complementares a uma educação efetiva; as comunidades devem desenvolver recursos locais para proporcionar esta educação.

Esta referência, em nosso contexto, segundo Ortiz (1996), merece a seguinte consideração:

> O nível é tão alto enquanto política educacional, mentalização social, formação do professorado, planejamento de recursos... que, teoricamente, podem dar-se as mãos os conceitos integração e inclusão, enquanto a escola integradora tenta ser tão ampla, tão rica, tão flexível e tão adaptável que pode permitir-se a dar uma resposta à diversidade dentro do sistema educacional geral. Não obstante, falta muito para se fazer quanto à colaboração dos pais e o compromisso com a comunidade.

Trata-se de ir conseguindo atingir pequenas metas em todos os âmbitos, desde a administração até o professorado, passando pelos formadores de professores e a própria sociedade. Para progredir se necessita certo compromisso e cumplicidade, não se deixando vencer pelas dificuldades. Na realidade, a aceitação de ideias tem avançado muito mais que a consolidação de práticas congruentes com essas ideias. Esta é uma forma de convivência idiossincrática, singular, única para cada caso, para cada contexto educacional particular.

Conclusão

Neste trabalho se tentou descrever algumas formas práticas do passado e do presente relacionadas com a educação. Estas formas sofreram mudanças espetaculares na história e mais concretamente ao longo do século XX. Em princípios deste século a escola era a grande "igualadora" pelos conhecimentos e destrezas comuns que dividia os estudantes. Sua estrutura organizadora reproduzia o modelo estandardizado e burocrático do mundo laboral. É por esse motivo que a escola foi se estruturando com a intenção de criar um produto estabilizado: esperava-se que todos os alunos dominassem o mesmo currículo, ao mesmo ritmo e através dos mesmos métodos de ensino. Havia pouca tolerância e apreço pelas diferenças entre os estudantes com respeito à cultura, valores, interesses, estilo de aprendizagem, etc., além de não ser possível questionar os conteúdos, o método, nem a autoridade do professor. Era uma época em que os alunos que não seguiam com facilidade o programa modelo eram estimulados ou se permitia que abandonassem a escola, e aqueles qualificados como deficientes estavam excluídos da escola ordinária e recebiam uma educação em separado.

Nas últimas décadas do século XX a situação de transformação foi mais significativa. Foram se produzindo modificações importantes a respeito dos valores e uma marcada tendência a integrar a todos os alunos na educação comum. A integração escolar foi se formando conforme a aplicação da normatização dos serviços na educação. Nestes momentos, muitos avanços ocorreram, tanto nos pressupostos teóricos quanto na consolidação das práticas congruentes com essas ideias. Contudo, alguns centros e professores continuam ancorados e esquecendo-se de que, se se pretende uma escola que dê respostas a todos os alunos, é necessário uma mudança, uma transformação dos princípios e das práticas educativas. Além disso, em nível organizacional é preciso o estabelecimento de estruturas colaborativas entre todo o pessoal escolar, os alunos e os membros da comunidade. Também é importante que os alunos tenham oportunidades de decidir ativamente e de participar em sua educação, assim como de atuar através de experiências significativas da vida real, experimentando e afrontando a diversidade em suas possibilidades imediatas.

Em suma, o ensino determinado pelo professor, a ênfase dada à competitividade entre alunos em prejuízo da colaboração, a primazia do rendimento acadêmico sobre o desenvolvimento da competência pessoal e social, a escolarização segregada, a desintegração... são exemplos de práticas educacionais que no século XXI serão consideradas como antiquadas.

Portanto, é importante desprezar o conhecimento adquirido tomando como referência as investigações contemporâneas sobre ensino-aprendizagem e os níveis de ajuda necessários para obter êxito nas atuações, com a intenção de melhorar a qualidade educacional nos centros. Também é fundamental que os estudantes possam participar de forma mais ativa na aprendizagem, na aquisição de uma ética e valores humanistas, de habilidades de comunicação, busca de informação e resolução de problemas em relação ao currículo e a experiências que a comunidade considere importantes. Não devemos esquecer que estamos em uma transformação processual e, como tal, é lenta, porém sua marcha é gradualmente crescente.

Referências bibliográficas

Constitución Española de 1978. Título 1, art. 49 [s.n.t.].

ECHEITA, G. (1994). A favor de una educación de calidad. *Cuadernos de Pedagogía*, 228, 66-67 [s.n.t.].

FIERRO, A. (1997). Horizonte y desafíos de la integración educativa. In: ARNAIZ, P. & DE HARO, R. (eds.) *10 años de integración en España* – Análisis de la realidad y perspectivas de futuro. Murcia: Servicio de Publicaciones de la Universidad de Murcia, p. 49-59.

GONZÁLEZ FONTAO (1997). La atención a la diversidad. In: CID SABUCEDO, A. (coord.). *Prácticum* – I: Prácticas de observación para el título de maestro. Orense: Copytema, p. 105-116.

_____ (1998a). Un curriculum común para todos. *Revista Galego-Portuguesa de Psicoloxía e Educación*, n. 2, vol. 3, p. 159-166 [s.n.t.].

_____ (1998b). El tratamiento de la diversidad en la planificación educativa. *Revista Innovación Educativa*, n. 8, p. 167-173 [s.n.t.].

Ley 14/1970, de 06/08. General de educación y financiamiento de la Reforma Educativa. Cap. VII: Educación Especial [s.n.t.].

Ley 13/1982, de 07/04. Integración social de los minusválidos [s.n.t.].

Ley Orgánica 1/1990, de 03/10. Ordenación general del sistema educativo [s.n.t.].

Ley Orgánica 9/1995, de 20/11. Participación, evaluación y gobierno de los centros docentes [s.n.t.].

LÓPEZ MELERO (1997). Diversidad y cultura: en busca de los paradigmas perdidos. In ARNAIZ, P. & DE HARO, R. (eds.). *10 años de integración en España – Análisis de la realidad y perspectivas de futuro.* Murcia: Servicio de Publicaciones de la Universidad de Murcia, p. 181-209.

Orden, de 25/02/1988. Sobre planificación de la EE y ampliación del Programa de integración en el curso 1988/1989 [s.n.t.].

Orden, de 14/02/1996. Por la que se regula el procedimiento para la realización de la evaluación psicopedagógica y el dictamen de escolarización de los alumnos con necesidades educativas especiales [s.n.t.].

Orden, de 14/02/1996. Por la que se regula el procedimiento para la realización de la evaluación de los alumnos con necesidades educativas especiales que cursan las enseñanzas de régimen general establecidas en la LO 1/1990 [s.n.t.].

ORTIZ, M.C. (1996). De las "necesidades educativas especiales" a la inclusión. *Siglo Cero*, 27, p. 5-13 [s.n.t.].

Real decreto 334/1985, de 06/03. Ordenación de la Educación Especial [s.n.t.].

Real decreto 696/1995, de 28/04. Sobre regulación de las condiciones para la atención educativa de los alumnos con necesidades especiales, temporales o permanentes, asociadas a su historia educativa y escolar, o debidas a condiciones de sobredotación o de discapacidad psíquica, motora o sensorial [s.n.t.].

Real decreto 299/1996, de 28/02. Ordenación de las acciones dirigidas a la compensación de las desigualdades en educación [s.n.t.].

RICO, M. (1987). La evolución de la integración del deficiente – Proceso. *L'Arrel-Vespra*, n. monográfico, p. 11-20 [s.n.t.].

SAPON-CHEVIN, M. (1990). Initial Step for developing a Caring School. *Remedial and Special Education*, 11, p. 40-50 [s.n.t.].

SIEGEL (1969). *Special education in the regular classroom*. New York: The Jhon Day Company.

VILLA, R. & THOUSAND, J. (1995). The Rationales for Creating Inclusive Schools. In: VILLA, R. & THOUSAND, J. (eds.) *Creating an Inclusive School*. Alexandria: ASCD, p. 28-44.

Tradução Sady Carnot
Universidade Metodista de Piracicaba

II

Caminhos pedagógicos da Educação Inclusiva

1
Caminhos pedagógicos da Educação Inclusiva

*Maria Teresa Eglér Mantoan**

*H*á muito ainda a ser feito para que se possa caracterizar um sistema como apto a oferecer oportunidades educacionais a todos os seus alunos, de acordo com as especificidades de cada um, sem cairmos nas teias da educação especial e suas modalidades de exclusão. Mas acreditamos que é urgente caminhar nessa direção.

O sucesso das propostas de inclusão decorre da adequação do processo escolar à diversidade dos alunos e quando a escola assume que as dificuldades experimentadas por alguns alunos são resultantes, entre outros, do modo como o ensino é ministrado, a aprendizagem é concebida e avaliada.

Ensinar é, de fato, uma tarefa complexa e exige dos professores conhecimentos novos que muitas

---

* Doutora em Educação; professora no Departamento de Metodologia de Ensino da Faculdade de Educação da Universidade Estadual de Campinas; coordenadora do Laboratório de Estudos e Pesquisa em Ensino e Diversidade (Leped), da Faculdade de Educação da Unicamp; autora de diversos livros na área de Educação Especial, entre eles: *A integração de pessoas com deficiência – Contri*buições para uma reflexão sobre o tema. E-mail: tmantoan@unicamp.br vezes contradizem o que lhes foi ensinado e o que utilizam em sala de aula.

Acreditamos que não são os especialistas nem os métodos especiais de ensino escolar que garantem a inserção de todos os alunos à escola regular, mas que é necessário um esforço efetivo e coletivo, visando transformar as escolas e aprimorar a formação dos professores para trabalhar com as diferenças nas suas salas de aula. Em outras palavras, entendemos que a melhoria da qualidade do ensino e a adoção de princípios educacionais democráticos são fundamentais para o ingresso incondicional e a permanência dos alunos nas escolas regulares.

Trataremos neste texto das barreiras atitudinais e organizacionais à inclusão escolar e de desvios possíveis para contorná-las.

Reações dos professores à inclusão

A inclusão é uma possibilidade que se abre para o aperfeiçoamento da educação escolar e para o benefício de alunos com e sem deficiência. Depende, contudo, de uma disponibilidade interna para enfrentar as inovações e essa condição não é comum aos professores em geral.

De fato, pensamos que sabemos tudo e que nada nos desafia, na nossa especialidade, na nossa competência de ensinar. Queremos que os alunos se acomodem, se envaideçam por só terem aprendido o velho, aquilo que nós sabemos e lhes ensinamos.

O mistério do aprender e a aventura do conhecimento é que valorizam a profissão de ensinar, pois nos fazem humildes com relação ao que não sabemos do Novo; a criança que nos chega, em cada turma, a criança com deficiência, com dificuldades, o aluno inteligente, o menino de rua, o aluno do Supletivo e, ao mesmo tempo, são os alunos que nos fazem profissionais apaixonados, inquietos, que precisam decifrar esses misteriosos seres, que nos provocam o encontro com um Outro desconhecido, que nos colocam em perigo, que nos mostram os nossos limites, mas que nos fazem ir além de nós mesmos.

A inclusão escolar envolve, basicamente, uma mudança de atitude face ao Outro: que não é mais um, um indivíduo qualquer, com o qual topamos simplesmente na nossa existência e com o qual convivemos um certo tempo, maior ou menor, de nossas vidas. O Outro é alguém que é essencial para a nossa constituição como pessoa e dessa Alteridade é que subsistimos, e é dela que emana a Justiça, a garantia da vida compartilhada.

Cumprir o dever de incluir todas as crianças na escola supõe considerações que nos remetem à Ética, à Justiça e ao direito de todos de acesso ao saber e à formação.

Alguns professores já têm claro que a inserção é possível, porque tiveram experiências que lhes demonstraram essa possibilidade; outros estão em busca dessa certeza e se empenham por encontrá-la, em suas aulas, nos cursos e nos grupos de estudos que frequentam. Há, infelizmente, os que tentam, porém não conseguem se libertar de preconceitos e de hábitos enraizados, que não lhes permitem fazer uma releitura de suas atuações, à luz de novos propósitos e procedimentos educacionais.

Uma das reações mais comuns é afirmar que não estão preparados para enfrentar as diferenças nas salas de aulas. Esse motivo é aventado quando surgem quaisquer problemas de aprendizagem nas turmas e até mesmo quando eles existem, concretamente. Aparece também quando os professores têm de resolver casos de indisciplina, enfim, quando eles se deparam com uma situação diferente, que foge ao usual, nas suas turmas. Trata-se de preocupações que são reais e que devem ser consideradas, mas que na maioria das vezes referem-se a problemas rotineiros, mas que se agigantam pela insegurança, pelo medo de enfrentar o novo.

O apoio aos professores é muito importante nesses momentos, para que o problema seja encarado na sua devida dimensão e para que se desmistifique a crença de que são os conhecimentos referentes à conceituação, tipologia das deficiências e outros temas correlatos que lhes trarão alívio e competência para ensinar a todos os alunos de uma mesma turma.

Essa ajuda deve vir de outros colegas mais experientes e mesmo de pessoas que compõem o grupo de trabalho pedagógico das escolas: diretor, especialistas, mas a orientação do suporte técnico deverá recair sobre as situações práticas de ensino apontadas pelo professor e consistirá de discussões e de questionamentos sobre sua atuação em sala de aula, sempre buscando diminuir as inquietações e acalmar o professor, para que ele não perca as reais proporções do caso que está sendo analisado.

As discussões, é evidente, tocam em dificuldades de ensino e de aprendizagem próprias dos alunos em geral e abrem novos caminhos pedagógicos ao professor que não está conseguindo vislumbrar, diante de seu estado emocional e da falta de hábito de refletir sobre seu trabalho, outras saídas para alcançar seus objetivos educacionais. Em uma palavra, o apoio não deve definir e/ou se restringir a explicar que um aluno tem capacidade ou não de aprender, só para descarregar as tensões do professor, ou mesmo para tirar-lhe a responsabilidade de ensinar uma criança menos capaz de seu grupo de alunos.

Soluções desencorajantes e inibidoras da capacidade de o professor criar novas maneiras de ensinar devem ser definitivamente abolidas, pois elas estabelecem antecipadamente o que é impossível de se prever, ou seja, o que um aluno consegue assimilar de um conteúdo escolar em uma dada situação de aprendizagem!

Todos os alunos, sejam suas dificuldades e incapacidades reais ou circunstanciais, físicas ou intelectuais, sociais, têm a mesma necessidade de serem aceitos, compreendidos e respeitados em seus diferentes estilos e maneiras de aprender e quanto ao tempo, interesse e possibilidades de ampliar e de aprofundar conhecimentos, em qualquer nível escolar.

Não sabemos de antemão como e quanto alguém será capaz de aprender e por que meios alguém chega a ser um pensador, um artista, um profissional, um artesão, um trabalhador, enfim. Nem a partir de que encontros com o outro e com a vida, com os fatos alguém se pôs a pensar, a distinguir, a definir um caminho para a sua existência.

São descabidos a pretensão e o direito de estabelecer e de controlar "o que", "o quanto" os alunos conseguirão aprender e "o como" deverão utilizar suas ferramentas intelectuais, por mais que possamos confiar em nossa experiência de educador e em nossa formação pedagógica.

O ensino tradicional e suas limitações

Outra barreira que precisa ser transposta e que merece especial atenção no quadro de mudanças sugerido pelo ensino inclusivo é a inadequação de métodos e técnicas de ensino tradicional, baseados na transmissão de conhecimentos e na individualização das tarefas de aprendizagem.

Nessas condições organizacionais do trabalho pedagógico é impossível criar situações a partir das quais cada aluno possa aprender e perceber-se como sujeito ativo na conquista do conhecimento. Ninguém faz milagres e pode assumir uma turma com crianças com e sem deficiência, em uma classe de cadeiras enfileiradas, de uma só tarefa na lousa e de uma só resposta válida e esperada pelo professor.

Na maneira tradicional de ensinar, a competição entre os alunos e a homogeneização das respostas e de comportamentos esperados, a transmissão do conhecimento, o pavor de errar impedem alunos e professores de contemplar as diferenças e de reconhecer o valor e a riqueza que elas aportam ao desenvolvimento dos processos educativos, dentro e fora das escolas.

As crianças aprendem a cooperar e não deixam de aprender quando dividem entre si suas tarefas, principalmente quando essa divisão é espontânea, baseada no interesse e nas possibilidades de cada aluno – o interesse vem dessas possibilidades.

A cooperação cria laços muito fortes entre os alunos e propicia interações que encorajam os menos habilitados. Muitas vezes acontece a um aluno ser tutorado naturalmente por outro colega mais capacitado em uma matéria. Esse apoio espontâneo é mais um meio de se fazer com que a turma reconheça que cada um tem suas habilidades, talentos, competências, dons, facilidades para abordar o leque dos conteúdos acadêmicos.

A avaliação do ensino e da aprendizagem

A avaliação do desempenho escolar também precisa sofrer mudanças para se ajustar às características de um ensino para todos. É evidente que os sistemas escolares que avaliam comparativamente os seus alunos e que se apoiam em tarefas predefinidas e aplicadas exclusivamente para contabilizar o que o aluno aprendeu de uma lista de conteúdos curriculares constituem mais um obstáculo à concretização dos objetivos da inclusão escolar.

Essa forma tradicional de avaliar tem muito a ver com a ideia de que os ensinamentos que o professor transmite devem ser inteiramente aprendidos e cobrados do aluno, e que suas respostas desejáveis são a condição para que o ensino seja considerado de qualidade e o professor seja aprovado em suas funções.

Por essa concepção de avaliação, a educação escolar é considerada como uma produção industrial, um objeto concreto qualquer.

Decerto que a qualidade do ensino não se avalia da mesma maneira que o fazemos quando testamos um tecido, um pneu, um refrigerador... A natureza e os fins da educação são outros e não podemos analisar o processo e os fins educacionais em si mesmos, mas pelo que o educando é capaz de criar, de resolver, de descobrir, de decidir diante de diferentes situações de vida escolar e extra-escolar. Em uma palavra, a avaliação educacional não pode ser reduzida a números ou conceitos ou a desempenho frente a tarefas precisas, como não desbotar ou encolher, lavar a roupa com capricho, não derrapar.

Na perspectiva de um ensino para todos e aberto às diferenças, avaliamos a aprendizagem pelo percurso do aluno no decorrer de um curso. Levamos em conta o que ele é capaz de fazer para ultrapassar suas dificuldades, construir os conhecimentos, tratar informações, organizar seu trabalho e participar ativamente da vida escolar. Consideramos o sucesso do aluno a partir dos seus avanços em todos os aspectos do seu desenvolvimento.

O ensino, por sua vez, é avaliado pelo que o professor conhece do comportamento escolar de seus alunos e pela sua capacidade de criar alternativas, modificando constantemente o seu trabalho para se ajustar às necessidades e peculiaridades de cada um.

Essa maneira de avaliar exige uma auto-avaliação de rotina do professor e dos alunos para que juntos possam acompanhar e compartilhar todo o desenrolar dos processos de ensino e de aprendizagem. Nesse contexto, notas e conceitos podem ser dispensados, pois o que importa é o registro fiel do aproveitamento dos alunos em toda a trajetória de sua escolaridade. Os registros contêm dados que facilitam o trabalho do professor que irá receber o aluno no ano seguinte, pois constituem um *dossiê* a partir do qual será possível planejar uma nova etapa de trabalho, sem solução de continuidade e sem repetições desnecessárias.

As atividades e recursos didático-pedagógicos

É inegável a existência de diferenças entre níveis de compreensão, amplitude e profundidade do conhecimento acessíveis a diferentes sujeitos. Em uma turma de 30, 35 alunos do ensino elementar, por mais que se tente agrupá-los pela avaliação do rendimento escolar, nada nos garante que estamos formando um grupo nas mesmas condições de aprendizagem e, portanto, com direito a cursar uma certa série escolar.

Estas e outras evidências levam-nos a questionar as intervenções pedagógicas para atingir os objetivos de um ensino "especializado em todos os alunos", tais como programas e currículos individualizados.

Discordamos também do caráter especial e da validade de métodos de ensino escolar para pessoas com deficiência. Ressalte-se que não estamos nos referindo aqui a recursos de comunicação como o sistema Braille para cegos, a língua de sinais, as próteses de todos os tipos.

Portanto, os programas, os currículos, as atividades e recursos pedagógicos serão sempre os mesmos para todos os alunos. O que faz a diferença é, do lado do aluno, a possibilidade de o aprendiz realizar as suas tarefas e atividades com a turma, sem ter de trabalhar à parte, segregado, mas fazendo uso do material pedagógico da sala de aula, livremente, de acordo com seus interesses e capacidade. Da espontaneidade e da interação com os colegas da turma, utilizando os mesmos recursos didáticos e realizando as mesmas atividades é que emerge o potencial de aprendizagem de cada criança, com ou sem deficiência.

Do lado do professor, o que faz a diferença é o modo como este planeja as atividades e como seleciona o material didático, de forma que possam servir a objetivos mais amplos e importantes do que treinar, estereotipar e encurralar o aluno no caminho que o professor estipulou como o único que pode chegar à verdade, ao certo, ao desejado.

Toda vez que estivermos adequando materiais e atividades para um aluno e, portanto, desconsiderando a sua própria capacidade de decidir e de escolher por si mesmo o seu instrumental e a sua maneira de usá-lo, negamos a autonomia desse aluno para construir os seus conhecimentos e para descobrir e inventar estratégias de aprendizagem.

Sejam quais forem as limitações do aluno, não devemos ampliá-las ainda mais adaptando currículos, rebaixando o nível de nossas expectativas com relação à sua potencialidade para enfrentar uma tarefa mais complexa, diferente, como se pudéssemos saber, de antemão, o que uma pessoa é capaz de captar de uma situação, de um objeto, de um momento educacional.

A presença de professores especialmente destacados para acompanhar o aluno com deficiência nas atividades de sala de aula, servindo como apoio ou mesmo respondendo diretamente pela inserção desse aluno no meio escolar, é uma alternativa de inserção que vem sendo frequentemente utilizada pelos sistemas organizacionais de ensino em todo o mundo.

Trata-se, ao nosso ver, de mais uma barreira à inclusão, pois é uma solução que exclui, que segrega e desqualifica o professor regente da turma e que o acomoda, não provocando mudanças na sua maneira de atuar, uma vez que as necessidades educativas do aluno com deficiência estão sendo supridas pelo educador especializado.

Infelizmente, muitos sistemas entendem que essa solução é válida em fases intermediárias de implantação do ensino inclusivo, considerando a presença dos professores de apoio e até mesmo as classes especiais sediadas em escolas regulares como degraus necessários para se chegar à inclusão.

Gostaríamos mais uma vez de ressaltar que a inclusão é uma consequência da transformação do ensino regular, do aprimoramento de suas práticas. Todo atendimento segregado, seja ele provisório ou definitivo, deriva do paradigma educacional em que se fundamenta a educação especial, ou seja, de um sistema organizacional que admite a exclusão, parcial ou total do aluno deficiente e o trânsito deste do ensino regular para o especial ou vice-versa – "sistema de cascata" ou *mainstreaming*.

Para sermos coerentes com a proposta inclusiva, não podemos adotar saídas que são próprias do sistema de cascata.

Ao nos definirmos pela inclusão incondicional temos de nos manter nas especificidades e modalidades desse tipo de inserção, sob pena de cairmos em contradições e de descaracterizarmos os seus fundamentos e fins.

A proposta pedagógica

As escolas tradicionais não dão conta das condições necessárias às mudanças propostas por uma educação aberta às diferenças, pois não são concebidas para atender à diversidade e têm uma estrutura rígida e seletiva no que diz respeito à aceitação e à permanência de alunos que não atendem às suas expectativas acadêmicas clássicas e conteudistas.

A sustentação de um projeto escolar inclusivo implica em uma estrutura curricular idealizada e executada pelos seus professores, diretor, pais, alunos, e todos os que se interessam pela educação na comunidade em que a escola se insere.

Essas propostas estão vinculadas ao que é próprio do meio físico, social, cultural em que a escola se localiza e sua elaboração é decorrente de um estudo das características desse meio. Embora mais difíceis de serem concretizadas, elas não são utópicas, e implicam em inúmeras ações, que são descritas e estruturadas no plano político-pedagógico de cada escola.

Nas escolas inclusivas a progressão no ensino não é serial, linear, mas sincrônica e organizada em ciclos de formação/desenvolvimento, que cobrem as faixas etárias de 6 a 11 anos, de 11 a 14 anos para o caso do Ensino Fundamental.

Esses tempos permitem que o aluno transite num dado nível de ensino sem reprovações, sem desvios para o ensino especial, sejam quais forem as suas necessidades, pois não estabelecem quando uma criança ou jovem devem mudar de série escolar ou se estão ou não preparados num certo momento para uma ou outra de suas passagens.

Instaura-se uma nova lógica organizacional em que o processo escolar não se limita exclusivamente aos avanços cognitivos e em que o tempo escolar é valorizado e entendido como uma etapa da vida do aluno que concorre para a formação de sua personalidade como um todo.

Cada ciclo representa e engloba uma experiência coletiva de ordem cultural, social afetiva e intelectual, que deve transcorrer sem interrupções, sem barreiras. A idade cronológica é a única categoria aceitável para distinguir os agrupamentos de alunos. E essa sempre foi a regra nas escolas...

A formação dos professores

Uma proposta inclusiva envolve, portanto, uma escola que se identifica com princípios educacionais humanistas e cujos professores têm um perfil que é compatível com esses princípios e com uma formação que não se esgota na sua graduação e/ou nos cursos de pós-graduação em que se diplomou.

Os professores estão continuamente se atualizando, para conhecer cada vez mais de perto os seus alunos, em suas peculiaridades de desenvolvimento, para promover a interação entre as disciplinas escolares, para reunir os pais, a comunidade, a escola em que exercem suas funções, em torno de um projeto educacional que estabeleceram juntos.

A formação continuada desses profissionais é antes de tudo uma autoformação, pois acontece no interior das escolas e a partir do que eles estão buscando para aprimorar suas práticas. Estudam e trocam experiências de trabalho e vão atualizando seus conhecimentos, dirimindo dúvidas, esclarecendo situações e, cooperativa e coletivamente, delineando teorias próprias para explicar o modo como ensinam e as crianças aprendem.

Quanto à formação inicial de professores, a inclusão de alunos com deficiência na escola regular é, no momento, um grande motivo para que as escolas de nível médio e superior remodelem seus currículos.

Pensamos que as habilitações dos Cursos de Pedagogia para formação de professores de alunos com deficiência deveriam ser extintas e que os cursos de especialização não deveriam se dedicar a especializar os educadores em algum tipo de incapacidade, em uma categoria de alunos, mas estar voltados para o aprofundamento pedagógico desse profissional, de modo que pudesse entender melhor as crianças em geral, no seu desenvolvimento. Em outras palavras, os professores precisam dominar cada vez mais os conteúdos curriculares, os processos de ensino e de aprendizagem, isto é, especializarem-se no "o que", no "como" e no "para que" se ensina e se aprende.

Ao nosso ver e inspirados nos projetos que visam uma educação de qualidade para todos, o tratamento das questões relativas ao ensino de pessoas com deficiência na formação geral dos educadores eliminaria, em grande parte, os obstáculos que se interpõem entre a escola regular e esses alunos. Em resumo, a formação única para todos os educadores propiciaria a tão esperada fusão entre a educação especial e a regular, nos sistemas escolares.

Considerações finais

As propostas de educação para todos não são utópicas, hipotéticas, irreais, produto da elucubração de pessoas que estão distantes da realidade escolar. Ao contrário, a sua defesa é própria daqueles que conhecem a fundo as escolas e tudo o que está acontecendo dentro de suas salas de aula, nos gabinetes da administração, nos cursos de formação de professores.

O direito de todos à educação inclusiva é, sem dúvida, uma tarefa difícil, mas exequível. Precisamos ser capazes de nos desviar dos obstáculos que a escola tradicional coloca hoje para impedir o avanço das propostas de uma escola para todos, justa, democrática e aberta às diferenças.

Cumprir o direito de todo o aluno ser incluído em uma turma escolar depende do que conseguirmos avançar nesses novos caminhos pedagógicos e do que formos deixando para trás, na caminhada.

III

Diálogos com as diferenças

1 Diálogo com a religião

Rosa Gitana Krob Meneghetti*

> Dedico este trabalho a Sofia, que em seu nome inclui a diferença.

Primeiras notas...

Sou professora. Desde muito tempo a sala de aula tem sido meu espaço profissional. Mais do que isso: tem sido meu lugar de conversar e refletir sobre a realidade. Nela o cotidiano, as pessoas e as necessidades convivem. Na sala de aula a vida é sempre o grande acontecimento. A sala de aula é o lugar onde professores e alunos se dizem como são, se desnudam diante de si e dos outros, ou dissimulam suas verdades. Ali habitam as linguagens, os corpos e as diferenças.

---

* Doutora em História da Educação; professora da Faculdade de Ciências da Religião da Universidade Metodista de Piracicaba na Disciplina Teologia e Cultura; presta assessoria no setor de Avaliação Institucional da Unimep; mantém projeto de iniciação científica sobre o tema do livro: *O corpo deficiente na perspectiva da história* – Uma abordagem sob a ótica da história das culturas; membro da Coordenação do Fórum Permanente do Ensino Religioso.

Estar na sala de aula é um exercício de entrega de si, das suas coisas, dos seus pertences, dos seus valores. Entrega para si e para o outro, que pode oferecer tudo isso em troca, ou não; entrega para tantos outros e outras, com tantos eus dentro de si que a trama dessas relações se potencializa infinitamente. Há tantas histórias de vida na sala de aula que estas histórias não cabem em seus sujeitos. Há mais histórias do que sujeitos, porque há inúmeras interpretações dessas histórias... significados diferentes para elas. Dois ou três ou mais significados... e porque há muitos sujeitos dentro de cada sujeito... Há, portanto, diferenças.

O que a sala de aula nos diz é que as diferenças entre os sujeitos não são uma hipótese, ou algumas hipóteses. A diferença é a absoluta comprovação da realidade. A grande tese, portanto, é a necessidade da inclusão da diferença como uma maneira de interpretar os significados da vida, a fim de que seja possível olhar o real na sua integralidade. Sem considerar a diferença, a visão sobre a realidade não é completa.

Olhar, pois, a sala de aula, a partir desta categoria de análise – a diferença –, é um outro modo de reconstituir a realidade, nominando-a de novo, agora, valorativamente.

As pessoas são diferentes. As coisas são diferentes. A realidade também. E a diferença não é, necessariamente, um problema, a não ser que o mundo seja pensado a partir da ótica da generalização. Considerando que todos os comportamentos padronizados, utilizados pela sociedade ao longo da história, não têm contribuído para ajudar a entender as questões dos diferentes, talvez partir da própria *circunstância diversa dos diferentes* possa ser o caminho.

Vale, pois, firmar aí a intencionalidade desse trabalho: refletir sobre a questão da inclusão da diferença, tendo como espaço concreto a experiência da sala de aula e como chave de leitura os pressupostos da linguagem teológica.

Em razão disto, certamente, não me foi difícil reconhecer a beleza do texto-poema de Roseana Murray:

> Caminhar sobre a espessa ponte de nuvens e mistério:
> Na outra margem o outro é espelho, meu semelhante
> Tão igual e tão diverso.
> Em seus olhos há um barco ancorado à espera,
> Faço do meu hálito o vento.
> Há sempre um possível encontro,
> Um silêncio de frutas e flores para ser colhido
> Todo homem é enigma (ARIAS, 1999: 105).

Prelúdio

A noção da existência do outro é um dos elementos que constitui a natureza humana, capaz de estabelecer as diferenças entre os sujeitos, passaporte, aliás, indispensável à organização da identidade de todos. É no outro e a partir do outro que se afirmam as pessoalidades. O outro, também sujeito, é necessário para dizer da diferença, a qual garante a saudabilidade da vida que não se padroniza. Padronizar o comportamento humano é tão reducionista quanto supor que para um mesmo problema várias pessoas darão a mesma solução. No texto de Freire, ao descrever os resultados de uma pesquisa sobre os movimentos de um grupo de crianças na aprendizagem de determinada *performance*, encontramos:

> [...] a igualdade vai se tornando difícil de constatar quanto mais descrevemos o gesto em detalhes. Neste caso, a igualdade vai desaparecendo e a diferença mostrando seus contornos com mais força. [...] É apenas na totalidade que são iguais [...]. Fora da totalidade, porém, já não faria sentido estabelecer a comparação... (FREIRE, 1991: 87).

Assim, a preocupação com os comportamentos padronizados só encontra justificativa quando a abordagem apresenta pouca profundidade. Quando o olhar humano é um pouco mais intenso, procura um pouco mais as marcas da singularidade dos sujeitos, preocupa-se mais com a riqueza do inusitado, certamente as *nuances* da diferença vão ganhando contornos mais nítidos e demarcando, nos espaços, os corpos diferentes...

Como fica, pois, a questão da diferença e da exclusão na perspectiva teológica, tema deste artigo? O que, na vivência das diferentes religiosidades, há a dizer sobre modos inclusivos de conviver com a diferença? Diferenças *de dentro* e diferenças *de fora*. Dizendo de outro modo: como as diversas construções teológicas-padrão convivem com as práticas religiosas diferentes, surpreendentes em suas manifestações e, muitas vezes, tão fora dos padrões esperados que chegam a aproximar-se de comportamentos anárquicos? Qual seu nível de tolerância? Qual sua capacidade de contemplar as diferenças culturais, por exemplo, e de compreender as manifestações da religiosidade circunstanciada nessa categoria? E, por outro lado, voltando-se para o intrínseco, qual sua capacidade de olhar para os sujeitos e respeitá-los na simplicidade de sua experiência de vida? Há mesmo um gesto de acolhimento ao outro, mesmo que este outro seja diferente? Prostituído? Pobre? Portador de alguma deficiência? Alcoólatra? Soropositivo? Negro? Qual é o nível de suportabilidade que os grupos religiosos apresentam diante da diferença? Será que o mesmo anseio da sociedade em geral, que busca padronizações de comportamento para melhor gerenciar os processos sociais ou que se conforma com os padrões em virtude de não ser capaz de ad-mirar as diferenças, não estará sendo incorporado pelas diversas religiões que proliferam nos grandes centros urbanos? A sobrevivência na diferença é uma possibilidade real no campo das religiosidades?

101

Antes de mais nada é necessário dizer que não há uma teologia, mas várias, o que já estabelece a diferença. Todas são tentativas de expressar formas de entendimento sobre a relação de Deus com os humanos. Há várias. Tantas quantas são as variantes sobre o entendimento desta questão. Elas são construções teóricas densas, complexas que, ao se particularizarem, se distanciam das demais, estabelecendo, a partir delas e de suas diferenças com elas, suas particularidades próprias. Afirmam-se, como tal, sempre que se percebem diferentes. Há, portanto, várias. E ricas. E interessantes.

Mas as teologias, por mais que sejam instigantes, não esgotam o fenômeno da relação entre o humano e o divino. Há mais, no campo do real. Há religiosidades no cotidiano da vida das pessoas que se plenificam por si mesmas porque alimentam as necessidades mais profundas e dão as respostas mais desejadas.

As religiões, segundo Hans Kung,

> [...] são todas mensagens de salvação, que procuram responder às mesmas perguntas básicas das pessoas. Estas perguntas sobre os eternos problemas do amor e sofrimento, culpa e reparação, vida e morte: donde vem o mundo e suas leis? Por que nascemos, e por que devemos morrer? O que governa o destino do indivíduo e da humanidade? Como se fundamentam a consciência moral e a existência de normas éticas? Todas oferecem também caminhos semelhantes de salvação: caminhos nas situações de penúria, sofrimento e culpa da vida terrena; indicação de caminhos para um procedimento correto e conscientemente responsável nesta vida, a fim de alcançar uma felicidade duradoura, constante e eterna, a libertação de todo sofrimento, culpa e morte (KUNG, 1994: 159-173).

Se em seu nascedouro as diversas teologias surgem da necessidade de explicitar as diferentes concepções sobre o diálogo entre a divindade e a humanidade, naturalmente, elas já reafirmam o lugar da diferença. O que mereceria um estudo mais detalhado para responder à pergunta sobre as formas inclusivas dos diferentes, nas diferentes tradições religiosas, é o comportamento ético social dos indivíduos, determinado por seu ideário religioso. Ou seja: no dia-a-dia, de que maneiras as pessoas entendem, interpretam e traduzem em atos sua compreensão sobre as verdades teológicas? E no que se refere à inclusão dos diferentes? Até que ponto uma atitude religiosa corresponde a um valor teologicamente construído? Como assegurar a absoluta vivência de um desejo, de uma intencionalidade, de uma utopia, elementos fundamentais a qualquer construção teológica?

Dessa forma, há que se ter clareza sobre a distinção entre os dois campos relacionados, o das teologias e o das práticas religiosas, preservando a cada um seu lugar de importância. As experiências concretas referem-se à vivência real, possível, limitada sempre pelas contingências dos sujeitos e das sociedades e circunstanciada num tempo e num espaço específicos. Já o campo das sistematizações teológicas, além de incluir as práticas religiosas, é o lugar das projeções, das possibilidades, dos saberes axiológicos e das intensas utopias sem as quais a humanidade feneceria.

Em virtude destas colocações, a sequência desse texto se organiza na perspectiva de resgatar, do meio das diferenças do pensar e do sentir a relação com a Transcendência, elementos norteadores comuns às práticas religiosas e às sistematizações teológicas que, no seu conjunto, permitam criar relações, ouvir alguns acordes de uma música que paira sobre o universo, cuja melodia é batizada com o nome de acolhimento. Como o campo do religioso, felizmente, não é prerrogativa das igrejas mas está aí, nas pessoas, nas coisas, nos objetos sagrados, no cosmos, enfim, invoco que, nesta visão de totalidade, seja incluída a sala de aula como um espaço sagrado, onde os sacrifícios, tão comuns às práticas religiosas mais primitivas, sejam substituídos pela graça do gesto includente que procura, na simplicidade, amar o Outro/Mistério nos outros/diferentes.

É preciso parar.

Ouvir a música.

Deixar-se tocar por ela.

Molhar-se nas suas águas para também batizar-se.

Sem a atitude racional de parar e sem a disponibilidade sensível para compreender o grande enigma, a música não fará sentido aos ouvidos humanos. Sem o gesto amoroso que inclui sempre, permanecerão os sons dissonantes da exclusão.

Primeiro movimento – O ser humano se constitui de um corpo

Nosso corpo somos nós. É nossa única realidade perceptível. Não se opõe à nossa inteligência, sentimentos, alma. Ele os inclui e dá-lhes abrigo. Por isso tomar consciência do próprio corpo é ter acesso ao ser inteiro... pois corpo e espírito, psíquico e físico, e até força e fraqueza, representam não a dualidade do ser, mas sua unidade (BERTHERAT & BERNSTEIN, 1991: 14).

O corpo é o todo. É no corpo que somos o que somos. É nele que nossa individualidade se apresenta e, ao mesmo tempo, é na sua integralidade que nos apresentamos inteiros.

Precisamos nos apropriar de nosso corpo. Sabê-lo em todas as suas dimensões.

Experimentá-lo. Ensiná-lo a dizer-se. Rastrear seus movimentos, observá-lo para conhecê-lo.

Descobrir as referências do corpo, de cada corpo, e seu modo de responder aos apelos da realidade é tentar ouvir sua música. No início, provavelmente, apenas acordes. Depois, quem sabe, belas sinfonias. Conhecer nosso corpo faz parte da definição de nossa identidade. É nesse jogo de descobertas que os outros corpos, diferentes, ao serem o que são, nos mostram como somos. E o que somos é nossa inteireza. Não somos o que o outro é. Não somos o que gostaríamos de ser. Somos o que somos a partir do corpo que nos constitui. Não somos um corpo mais ou menos: somos nosso corpo. Se, porventura, ele estiver mutilado, mesmo assim ele é um corpo, o nosso corpo, e, como tal, está vivo. Sente e manifesta o que sente. Mesmo na diferença, apesar dela, ele é, diz do que somos.

Segundo movimento – A linguagem é seu salto em busca do diálogo

O ser humano é o único ser capaz de criar símbolos, ou seja, signos que contêm significados em relação aos objetos que deseja representar. Claro que os signos criados precisam passar pela aprovação social para que tenham validade e para que proporcionem o diálogo, o entendimento entre as pessoas. Quanto mais aceita por todos, mais favorecerá a comunicação entre as pessoas.

A linguagem como sistema simbólico é um avanço no percurso histórico da humanidade. É uma maneira de construir o mundo da cultura; através dela, superamos a nossa experiência pessoal com os objetos. A linguagem se configura como tal quando aceita pelo coletivo.

No momento em que damos nome a qualquer objeto da natureza, nós o individuamos, o diferenciamos, do resto que o cerca; ele passa a existir para a nossa consciência. [...] O nome tem a capacidade de tornar presente para a nossa consciência o objeto que está longe de nós. [...] O simples pronunciar de uma palavra re-presenta, isto é, torna presente à nossa consciência o objeto a que ela se refere (ARANHA, 1986: 11).

Por outro lado, há muitos modos de representar as construções sobre a realidade que as pessoas elaboram. Nem sempre permitem a comunicação entre todos. O campo da arte, por exemplo, materializa essa experiência. Nem todos compreendem um Van Gogh mas muitos não só o compreendem como o elegem como interlocutor no campo da estética. Os diversos campos semânticos que se elaboram a partir das linguagens que se padronizam e também das que não se padronizam mas comunicam da mesma forma suas representações demonstram as inúmeras possibilidades do ser humano de se comunicar a partir das diferenças e de, portanto, romper o estabelecido ousando interpretações inovadoras. As linguagens atravessam os corpos e se impõem a partir deles. Os corpos são linguagens em aberto, abrigam as possibilidades do diálogo.

Terceiro movimento – Os seres humanos são, na sua natureza, maiores do que seus corpos e mais ricos do que suas linguagens

Um conjunto de bilhões de neurônios e seus dendritos, interconectados por incontáveis sinapses, o cérebro se recusa a ser explicado de forma simples ou reducionista. [...] Essa visão dinâmica do cérebro é hoje uma fonte de inspiração para vários pesquisadores. Técnicas modernas de observação, como a ressonância magnética (NMR) e a tomografia [...] O aspecto imediato que é revelado nessas observações é a imen-

sa complexidade do funcionamento cerebral. Até mesmo em tarefas que, aparentemente, são bastante simples. [...] Pense em alguma pessoa querida [...] Você consegue recriar a imagem dessa pessoa, acionando os neurônios responsáveis pela visão. Ao mesmo tempo, você pode ouvir a voz dessa pessoa, acionando os neurônios responsáveis pela audição. [...] você tem saudades dessa pessoa [...] em um tempo que só existe dentro de sua consciência (GLEISER, 1999: 70-74).

Mesmo a maior densidade de linguagem não se faz suficiente para dizer tudo aquilo que o ser humano tem como percepção da realidade e tudo aquilo que ele é como estrutura bio-psico-social. A natureza humana é maior do que a forma que as pessoas têm para representá-la. Assim, é preciso estar atento, aprender no dia-a-dia, observar. Faz-se necessário evitar o reducionismo que nega as dimensões outras dos sujeitos e render-se ao não-saber, ao não-entender a totalidade do real e da natureza humana. É em razão destes argumentos que as diversas dimensões da diferença se impõem. Nós mesmos conhecemos pouco sobre o funcionamento do nosso cérebro. O outro, diferente, é apenas parcialmente conhecido. Conhecê-lo mais pode ser o caminho, de um lado, para descobri-lo, de outro, para conhecer-se a si mesmo e à natureza humana. Buscar o conhecimento de si pode ser a linguagem para aproximar-se do outro diferente. E o outro diferente pode ser tão mais outro quanto mais diferentemente puder ser entendido por aquele que o busca conhecer. A dimensão dos sujeitos no movimento da vida é sempre surpreendente e inesperada, é sempre para além, sempre para o ainda não conhecido. Nesse sentido, a convivência com os portadores de necessidades especiais pode ser uma experiência de ausências e de presenças. Aparentemente, falta ao portador do corpo partes ou mecanismos, habilidades ou competências que o habilitem ao convívio social. Ou será que, na aparente falta, evidenciam-se novas sinapses, novas conexões e novos e surpreendentes modos de avançar na afirmação da vida que se impõe das formas mais inusitadas?

Quarto movimento – Os corpos e as linguagens bem como a percepção sobre eles são diferentes

Discutir o conceito de diferença de forma objetiva conduz, necessariamente, a uma compreensão equivocada, pois remete à noção de linearidade. O ser humano é complexo. É único. É desta identidade única que advém sua complexidade. As diversas construções religiosas, inclusive, reforçam em seus textos sagrados tal entendimento. Na tradição judaico-cristã, por exemplo, as expressões do salmista são precisas:

> Senhor, tu me sondas e me conheces,
> sabes quando me assento e quando me levanto;
> de longe penetras os meus pensamentos.
> Esquadrinhas o meu andar e o meu deitar,

e conheces todos os meus caminhos.
Ainda a palavra me não chegou à língua,
e tu, Senhor, já a conheces toda.
Tu me cercas por trás e por diante,
e sobre mim pões a tua mão.
Tal conhecimento é maravilhoso demais
para mim:
é sobremodo elevado, não o posso atingir (Bíblia Sagrada).

Será possível pensar que o Senhor *esquadrinhe* o *andar* de todos os iguais e se negue a fazê-lo quando o corpo é *diferente*? É possível imaginar que, porque os sujeitos têm seus corpos mutilados ao nascer, ou os penalizaram ao viver, ou porque suas funções fisio-psíquico-biológicas são ou estão menos organizadas, o deus mencionado pelo salmista se negue a sondá-los e a conhecê-los?

Por outro lado, as linguagens, criações humanas, guardam, também, seus campos de complexidade. Naturalmente, nascem do complexo.

As diferenças dos e nos corpos são reais e estão dadas. Há o gordo, o magro, o alto, o baixo; o que ouve e o que não ouve, o que enxerga com precisão e aquele que apresenta deficiências visuais. As características do aspecto físico são facilmente perceptíveis.

Há, no entanto, outras características, mais intrínsecas, menos perceptíveis mas igualmente diferenciadoras: as que se relacionam com a psiquê, com o mundo dos desejos, dos sonhos, das necessidades. Neste universo, os meandros da complexidade são mais densos. Aí, também, instalam-se as diferenças. E há que avançar na perspectiva de significar a diferença não como *um a mais ou a menos*, mas como um outro caminho que conduz a novos entendimentos. Ninguém discute a validade da Nona Sinfonia de Bethoven e ele era surdo.

Mas o mais interessante são as diferenças relativas à percepção que as pessoas têm sobre tais questões. O universo mais amplo é tão mais amplo quanto maior é nossa capacidade para pensá-lo amplamente. Esta é a grandeza do ser humano: sua complexidade real e sua capacidade, diga-se, pouco explorada, de pensar complexamente sua realidade.

Quinto movimento – A diferença é absolutamente fundamental: cria a identidade

É impossível viver sem a diferença. É a diferença que garante a identidade entre as pessoas. Nas diferenças assinalam-se as faltas, as ausências e as possibilidades, elementos presentes na vida concreta e que constituem, por natureza, os seres humanos. É em razão da diferença que descobrimos o quanto podemos criar alternativas novas e o quanto nesse processo é possível re-criar soluções para os problemas. E a permanente possibilidade de criar soluções garante a identidade do sujeito criador.

O mesmo raciocínio se aplica à concepção das sociedades. Elas são compostas de um teor infindável de sujeitos e de experiências inúmeras que constituem sua riqueza e potencialidade. O agir social e o pensar dos grupos na composição do tecido social está entremeado de experiências diferentes que constituem sua própria natureza. É impossível supor uma sociedade de igualdades que impeça a possibilidade da diferença, sem que este pensamento conduza a concepções totalitárias e desrespeitadoras da natureza humana.

> O cerne do paradigma holístico, da visão quântica, está nos processos criativos que ocorrem no mundo fenomênico, no mundo da natureza. É a visão de que vivemos num universo criativo e estamos todos inseridos num processo criador-criativo natural e prodigioso. Já não é um mundo linear, determinista, logicamente previsível. É um mundo ativo, vital, imprevisível, com movimentos contínuos e descontínuos, com saltos e sobressaltos (MORAES, 1997: 162).

Sexto movimento – Deus é o diferente

A vida humana é uma vida de relação. Relação de cada um consigo mesmo, com os outros, com as coisas, com a realidade. Também a vida dos seres humanos é demarcada pela necessidade da relação com a Transcendência. Deus é o grande Outro, aquele que, por ser tão grande, não tem nome. O Outro não é, jamais, completamente inteligível. Sua dimensão é da ordem da diferença. As linguagens não são suficientes para dizê-lo. Deus é o diferente. É aquele cuja natureza é tão outra que, por mais que se revele, não consegue ser completamente interpretado. Ou melhor; todas as tentativas de interpretação sucumbem diante do mistério da dimensão do Outro. As linguagens não são suficientes. As possibilidades de interpretações são frágeis diante de sua natureza diferente. Na tradição islâmica, o Profeta diz:

> Em nome de Deus, o Clemente, o Misericordioso.
> Dize: "Ele é o Deus único,
> Deus, o eterno refúgio.
> Não gerou nem foi gerado.
> Ninguém é igual a Ele" (O Alcorão).

Talvez a única possibilidade de interpretação da Transcendência seja, exatamente, os rostos e corpos diferentes dos diferentes sujeitos que compõem a história da humanidade, guardadas suas características de não completude e de indeterminação. Cada corpo e cada rosto, naturalmente diferentes, poderão conter o fragmento de uma interpretação sobre a Totalidade. Será este um outro jeito de falar de Deus?

Sétimo movimento – As teologias são linguagens que procuram interpretar as representações sobre o divino. Deus é maior do que as linguagens teológicas

Considerando que a linguagem é fundamental ao ser humano, e as teologias são construções teóricas a respeito do significado da relação entre as dimensões do *divino* e do *humano* elaboradas a partir de entendimentos mais padronizados, cumprem elas o papel de falar sobre o Transcendente.

Como toda linguagem, têm seus limites para traduzir a compreensão sobre o fenômeno contido nesta relação. Sua maior dificuldade é encontrar um modo que, sem simplificar em demasia o objeto de sua reflexão, ilumine a compreensão sobre o Outro, diferente. De onde vem sua diferença? De sua natureza. Da dimensão que está ali representada. Do mistério que se faz presente, exatamente, na diferença. Do que está oculto. Daquilo que não está explicitado. Do que é mais do que a própria palavra pode expressar.

As teologias são sempre tentativas de explicitação de uma compreensão sobre a verdade alcançada; estão sempre situadas num tempo e num espaço historicamente constituídos e falam a partir das construções culturais de onde emergem. Elas são, portanto, fundamentais como mediadoras para o avanço da compreensão sobre a Transcendência. Da mesma forma, é fundamental compreender que o Diferente, aquele que não tem nome, que é o Mistério Absoluto, em alguns momentos da história se faz mais real, ou por iniciativa sua, representado nas teologias de revelação, ou, por aprofundamentos nas discussões e atitudes de contemplação daqueles que por Ele anseiam. Em algumas matrizes religiosas encontramos esse registro. Vejamos a contribuição dos olmecas, indígenas pré-colombianos habitantes da região do México que, em forma de cantos e poemas, portanto, produzindo numa outra forma de linguagem sua teologia, procuram traduzir sua compreensão sobre a natureza desse Outro, chamado por eles de *dador da vida*:

> Eres tu verdadero (tienes raíz)?
> Sólo quien todas las cosas domina,

El Dador de la vida.
Es esto verdad?
Acaso no lo es, como dicen?
Que nuestros corazones
No tengan tormento!
Todo lo que es verdadero (lo que tiene
raíz),
Dicen que no es verdadero (que no tiene
raíz).
El Dador de la vida
Sólo se muestra arbitrario.
Que nuestros corazones
No tengan tormento (LEÓN-PORTILLA,
1996: 44-45).

É bom saber que o Transcendente transcende pela sua própria natureza. Essa natureza que se mostra permanentemente diferente e que suscita, portanto, diferentes formas interpretativas. Ele é maior do que as linguagens que buscam defini-lo, dizê-lo e enquadrá-lo em conceitos.

Ninguém pode pretender, nem sequer as igrejas, possuir a imagem total de Deus. Apenas somando todas as infinitas imagens refletidas nos corações de cada um dos homens pode alguém aproximar-se de uma imagem mais completa de Deus. [...] Porque a essência última de Deus não é a ordem e a homologação, a uniformidade, a repetição e os clones. Deus só pode ser a expressão máxima da pluralidade, da diversidade, do complexo, capaz de abarcar todas as diversidades, todos os contrários, tudo o que a ordem despreza. Definitivamente, tudo o que é original, criativo, novo, o que nasce a cada instante, o que fermenta continuamente, o que é sempre igual mas sempre distinto, porque a vida não é estática, mas dinâmica. [...] O divino tem que ser a explosão de todas as forças vitais onde tudo cabe e onde até o mais diverso encontre o seu lugar, com todo o direito (ARIAS, 1999: 107).

Oitavo movimento – Os acordes do acolhimento. A grande sinfonia do corpo sobre o corpo: olhos que reconhecem as diferenças, braços que envolvem no abraço e lábios que traduzem novas linguagens superadoras

Vivemos num tempo de descoberta da diferença como uma possibilidade a mais, e não a menos, nos moldes da exclusão. Tudo aponta para a existência de um novo campo de percepção da realidade ainda não completamente explicitado, mas seguramente prenhe de entendimentos novos e de novos paradigmas.

Todas as sociedades humanas, de uma forma ou de outra, gravitam em torno da resposta ao grande enigma da vida: Quem somos? De onde viemos? Para onde vamos? Ensaiamos respostas, como bons alunos. Observamos. Experimentamos. Tentamos generalizar. Mas a experiência humana é, definitivamente, singular. E por ser única, é diferente...

Por outro lado, embora as diferenças, a procura é a mesma: qual o sentido da existência? Qual o significado da vida e qual o papel do ser humano como sujeito dessas respostas?

Na tradição africana, a mitologia dos orixás é muito rica, à semelhança de tantos outros povos. Nanã é a orixá do saber ancestral e é considerada a mais velha do Panteão da Terra, na América. Ela é a dona da lama que existe no fundo dos lagos e com a qual, segundo o mito da modelagem, o homem foi moldado. O mito diz assim:

Dizem que quando Olorum encarregou Oxalá de fazer o mundo e modelar o ser humano, o orixá tentou vários caminhos. Tentou fazer o homem de ar, como ele. Não deu certo, pois o homem logo se desvaneceu. Tentou fazer de pau, mas a criatura ficou dura. De pedra ainda a tentativa foi pior. Fez de fogo e o homem se consumiu. Tentou azeite, água e até vinho-de-palma, e nada. Foi então que Nanã Burucu veio em seu socorro. Apontou para o fundo do lago com seu *ibiri*, seu cetro e arma, e de lá retirou uma porção de lama. Nanã deu a porção de lama a Oxalá, o barro do fundo da lagoa onde morava ela, a lama sob as águas, que é Nanã. Oxalá criou o homem, o modelou no barro. Com o sopro de Olorum ele caminhou. Com a ajuda dos orixás povoou a Terra. Mas tem um dia que o homem morre e seu corpo tem que retornar à terra, voltar à natureza de Nanã Burucu. Nanã deu a matéria no começo mas quer de volta no final tudo o que é seu (PRANDI, 2001: 196-197).

Em linguagem mítica busca-se entender a mística da vida. Barro? Fundo do lago? Nanã/mãe? Águas? Mistério? Inúmeros e diferentes entendimentos alimentam as interpretações sobre o mito. A compreensão de sua verdade, porém, está sempre conectada à cosmovisão de cada sujeito, representativa de sua história, de suas experiências pessoais, de sua identidade construída a partir das inúmeras relações anteriores, presentes, e assim sucessivamente. O viver cotidiano é uma *experiência de diferenças*. Não tem fim. O entendimento humano sobre a sua existência e a existência do Outro e dos outros é tarefa para sempre.

Nono movimento – Poslúdio

Ao longe os acordes. A música vem dos braços que abraçam os diferentes, os mais ou os menos, em relação aos parâmetros previamente estabelecidos. A canção é entoada por muitos: é a música do acolhimento. Ela surge como resposta à pergunta fundamental: Onde está a verdade? A verdade está onde cada sujeito encontra sua identidade primeira. A verdade está onde as pessoas se reconhecem como tal e descobrem que é possível preservar suas diferenças.

Bibliografia

ARANHA, Maria L. & MARTINS, Maria H.P. *Filosofando – Introdução à Filosofia*. São Paulo: Moderna, 1986.

ARIAS, Juan. *Um Deus para 2000 – Contra o medo e a favor da felicidade*. Petrópolis: Vozes, 1999.

BERTHERAT, Thérèse & BERNSTEIN, Carol. *O corpo tem suas razões* – Antiginástica e consciência de si. 14. ed. São Paulo: Martins Fontes, 1991.

Bíblia Sagrada. Salmo 139. Brasília, Sociedade Bíblica do Brasil, 1969 [Trad. de João Ferreira de Almeida].

BRITO, Ênio J.C. & GORGULHO, Gilberto da S. (orgs.). *Religião ano 2000.* São Paulo: Loyola, 1998.

CARVALHO, Sérgio. *Thanise:* um sorriso muito especial. Piracicaba: Unimep, 1996.

DREHER, Martin N. *Conversando sobre espiritualidade.* São Leopoldo: Sinodal, 1992.

FREIRE, João B. *De corpo e alma* – O discurso da motricidade. São Paulo: Summus, 1991.

FRIEDMAN, Meyer & FRIEDLAND, Gerald W. *As dez maiores descobertas da medicina.* São Paulo: Companhia das Letras, 2000.

GLEISER, Marcelo. *Retalhos cósmicos.* São Paulo: Companhia das Letras. 1999.

KUNG, Hans. Paz mundial, religião mundial, *ethos* mundial. Petrópolis: Vozes. *Concilium*, 253, 1994, p. 159-173.

LEÓN-PORTILLA, Miguel. *Xochicuicatl: cantos floridos y de Amistad.* México: JGH, 1996.

LIMA, Lise M. *O espírito na saúde.* 4. ed. Petrópolis: Vozes, 1999.

MORAES, Maria C. *O paradigma educacional emergente.* Campinas: Papirus, 1997.

O Alcorão. 112ª Sura: a sinceridade. Rio de Janeiro: Record [Trad. de Mansour Challita].

PRANDI, Reginaldo. *Mitologia dos orixás.* São Paulo, Cia. das Letras, 2001.

RIBAS, João B.C. *O que são pessoas deficientes*. São Paulo: Brasiliense, 1998.

SKLIAR, Carlos (org.). *A surdez:* um olhar sobre as diferenças. Porto Alegre: Mediação, 1998.

TERRIN, Aldo N. *O sagrado off limits* – A experiência religiosa e suas expressões. São Paulo: Loyola, 1998.

Diálogo com a filosofia

*Edivaldo José Bortoleto**

> À Yara, que na luminosidade de sua *noite escura da alma* não entrou no cedimento do desejo da alegria de viver e do poetar.

O corpo, o que é isto?

Com esta questão, já estamos no âmbito da reflexão filosófica, pois é uma questão de ordem ontológica que pergunta por um existente. É uma pergunta que indaga por um objeto/signo que existe junto com outros objetos/signos existentes. Dizendo de outro modo, é já um indagar, pelo corpo/signo que existe com outros signos num micro/macromundo que se expande infinitamente para dentro e para fora até a morte.

---

* Professor e ama-dor de Filosofia; pertence à Faculdade de Filosofia, História e Letras da Universidade Metodista de Piracicaba; leciona no Seminário Seráfico de Piracicaba; doutor em Semiótica pela PUC-SP.

No enunciado que se anuncia já se sinaliza o caminho, a direção, bem como o jeito e o modo com o qual se quer perguntar sobre o Corpo: é um caminho/jeito semióticos.

Muitos são os caminhos e os jeitos encontrados no âmbito da mais que bimilenar tradição do pensamento filosófico tanto no Ocidente quanto no Oriente. Mas não só, pois a questão do corpo pode ser averiguada e considerada no âmbito das tradições religiosas e do mito, no âmbito das tradições das artes, no âmbito das tradições das ciências bem como das tecnologias. Todas, respectivas formas elevadas de linguagens – portanto semióticas – que já têm a ver com a função, o prolongamento e a extensão do corpo/signo, no caso, aqui: do corpo/signo/humano. Portanto, o campo sideral de formas elevadas do espírito humano, da civilização ou da cultura compõe a grande *tradição* enquanto *tesouros significantes*, para se *olhar* e *escutar* acerca desta realidade que por ora nos interessa: o Corpo.

Duas serão basicamente as hipóteses de trabalho. A primeira: que o corpo deficiente não existe (pelo menos, desde a perspectiva de onde se quer pensar esta questão). A segunda: de que para além ou aquém dos dualismos binários e disjuntivos que a modernidade ocidentalista forjou se quer preservar a ideia ainda de *corpo dividido*, como manutenção daquilo que é vital ao corpo: a *tensão*. Corpo *dividido* enquanto corpo *tensional*, portanto.

Não é intenção inventariar a questão do corpo na história do pensamento filosófico, mas algumas caracterizações fazem-se necessárias. Tanto no horizonte da Antiguidade Clássica como no horizonte da Antiguidade Medieval, no imaginário das gentes, a imagem de mundo que se tem é uma imagem representada como um mundo fechado, finito e hierárquico, onde a terra é o centro do universo. Aqui se está na visão proposta por Ptolomeu de Ptolemaida e Aristóteles, visão que se impôs ao longo e ao largo do pensamento e da cultura, contrária à visão proposta por Aristarco de Samos que já era heliocêntrica e que foi mais tarde re-proposta por Copérnico e Galileu.

As discussões sobre o corpo nestes dois horizontes "giraram em torno da questão de saber se o corpo está ou não 'penetrado' por uma forma ('informado')"[1]. Desde Homero e Hesíodo, os pré-socráticos, Sócrates, Platão e Aristóteles, o epicurismo e o estoicismo, bem como o neoplatonismo, toda a tradição patrística – a oriental e ocidental –, bem como a tradição escolástica – a judaica, a cristã e a muçulmana –, a tradicional questão da matéria e da forma, do corpo e da alma, do sensível e do inteligível se impõe.

Esta tensão do corpo enquanto realidade fechada e determinada (*telos*) e da alma enquanto realida-

---

1. MORA, J. Ferrater (2000). *Dicionário de Filosofia*. Tomo I, verbete Corpo. São Paulo: Loyola, p. 584.

de aberta e in-determinada (*ápeiron*) se dá na interioridade do sujeito, que é interioridade dividida, tensional. Onde se lançar para encontrar a verdade? Na realidade fechada e finita do corpo ou na realidade aberta e infinita da alma? É sobre esta tensão que se constitui toda a problemática ética, política, estética, gnoseológica, lógica, metafísica e teológica. O corpo deficiente aí, nestes dois horizontes, assim se configura: é *privação* de um bem. Então, se tem o *mal* ou o *pecado* nos respectivos horizontes. Esta é a estrutura do mundo, esta é a estrutura do homem nesses dois horizontes históricos: uma estrutura dual e em tensão.

Mas antes da filosofia grega, que já é oriental, encontra-se uma filosofia antes dos gregos: a sabedoria da Antiguidade Oriental[2]. Nas culturas das gentes mais orientais que o oriente grego encontra-se, talvez, uma cultura mais complexa com uma visão de corpo mais complexa ainda que a do dualismo grego e sobre a qual muito pouco sabemos: a dos semitas, estas gentes da Bíblia. Oswald Loretz, sobre esta questão, diz que,

prescindindo das dificuldades especiais de Gn 1,26ss, causa admiração o fato de

---

2. "Ninguém como os sábios da Antiguidade Oriental pode arrogar-se papel e título de precursores da filosofia grega. Por isso, Instruções egípcias do 3º e 2º milênios pré-cristãos, ensaios filosófico-teológicos da Mesopotâmia sumero-acádica e sabedoria bíblica imune ao pensamento grego tinham de ser logicamente o prato forte do estudo [...]" (CARREIRA, José Nunes (1994). *Filosofia antes dos gregos*. Portugal: Europa-América, p. 11).

nas exposições científicas e teológicas do pensamento bíblico a respeito do homem se dar muitas vezes mais importância ao modo pelo qual o Antigo Testamento faz distinção entre *corpo* e *alma* e especifica as suas relações recíprocas. Este modo de considerar, próprio da tradição greco-européia, parte de uma problemática que é estranha à Bíblia. O pensamento bíblico a respeito deste assunto segue em outra direção[3].

Comumente, a filosofia é apresentada como grega e ocidental. Mas a filosofia grega é mais oriental do que se pensa. Do ponto de vista histórico, a cultura grega – o helenismo – nunca foi nem europeia e nem ocidental. A identificação europa-ocidente helênico dá-se com o advento da modernidade, juntamente com mais dois conceitos: o romano e o cristão. O cristianismo – de concepção antropológica semita – também nunca foi europeu e nem ocidental. É a partir do advento da moderni-

---

3. E Loretz assim prossegue seu raciocínio: "Como o demonstram as numerosas tentativas exegético-teológicas, não se consegue acompanhar o discurso bíblico sobre o homem, partindo do binômio *alma-corpo*. Os esforços para lançar um olhar no pensamento antropológico hebraico mediante os conceitos 'alma' e 'corpo' permanecem na superfície. Menos pertinente ainda é perguntar se o Antigo Testamento se ocupa com a dicotomia 'alma, como princípio vital', e 'carne', ou com a tricotomia 'alma', 'espírito' e 'carne'. Isto porque ele não distingue claramente entre o órgão (p. ex., alma = *nefes* – 'garganta, pescoço, respiração, vida'; corpo = *basar* – 'carne'; espírito = *ruah* – 'hálito'; *leb* – 'coração') e a sua função, ou entre a parte do corpo e o modo segundo o qual o homem vive" (LORETZ, Oswald. As linhas mestras da Antropologia Antigotestamentária. In: SCHREINER, Josef. *Palavra e mensagem* – Introdução teológica e crítica aos problemas do Antigo Testamento. São Paulo: Paulinas, 1978, p. 446).

dade que se inicia a equação: Ocidental = Helenismo + Romano + Cristão[4].

Com isto posto, a intenção é a de sinalizar que a estrutura dual helênica se impôs praticamente sobre a visão da Antiguidade Oriental. O que se fala do corpo, na perspectiva cristã de hoje, é muito mais eivado da estrutura helênica de corpo que da estrutura semita. O veio teórico-prático desta perspectiva faz-se necessário ser buscado na tradição que vem desde Moisés Maimônides, Baruch Spinoza, Sören Kierkegaard, Martin Buber, Gabriel Marcel, Henri Bergson, Emmanuel Lévinas, Enrique D. Dussel etc., bem como no marxismo, pois Marx, no dizer de Enrique D. Dussel, fala por *órgãos* em seu pensamento e não por faculdades ao se referir ao homem. Falar por *órgãos* é algo exatamente hebreu, semita, portanto. A tradicional questão corpo/alma – que é questão dos gregos – não aparece no pensamento de Karl Marx, portanto. A re-*signi*-ficação da concepção antropológica semita que se encontra nas tradições dos povos dos livros (Torá, judeus; Evangelho, cristãos, e Alcorão, muçulmanos), faz-se necessária e urgente, visto que esta tradição se revela muito

---

4. "No renascimento italiano (principalmente desde a queda de Constantinopla em 1453) começa a fusão entre ocidental (latino) e grego (oriental) *versus* turcos, os árabes ou muçulmanos (os turcos abandonam o mundo helenista e é esquecido o elo árabe-helenista). Inicia-se a equação: Ocidental = Helenismo + Romano + Cristão. Desde 1474 pelo menos (em carta de Toscanelli), o Ocidente começa a se confrontar com o Oriente pelo Atlântico, como possibilidade" (DUSSEL, Enrique D. *O encobrimento do Outro* – A origem do mito da modernidade. Petrópolis: Vozes, 1993, p. 182).

mais complexa que a concepção antropológica greco-europeia-iluminista.

Na época moderna, especialmente nos séculos XVII, XVIII e XIX, persistiram algumas das noções usadas no decorrer do que chamamos de "disputas tradicionais" referentes à relação corpo e alma. Ao mesmo tempo, acrescentaram-se noções novas ou se modificaram os sentidos de algumas das já antes usadas. Isso se deve em grande parte a mudanças experimentadas na concepção de "corpo material" em consequência de vários desenvolvimentos da ciência moderna – antes de tudo, a física – e especialmente como sequela do predomínio alcançado durante certo tempo pelo chamado "mecanicismo", que se aliou, em alguns autores, a um radical dualismo do corpo e da alma, ou da extensão e do pensamento (atividade mental em geral), e, em outros autores, deu lugar a várias teses concernentes à identidade "físico-mental"[5].

Na modernidade, agora, se está na visão de Aristarco, re-proposta pelo monge Nicolau Copérnico e pelo cientista católico Galileu Galilei. A representação de mundo no imaginário das gentes – embora também se conserve, ainda, o imaginário de Mundo e de Homem, como de Deus, da representação anterior –, ou, pelo menos, no âmbito do conhecimento

---

5. MORA. Op. cit., p. 585.

moderno, é de um mundo aberto, infinito e homogêneo. O espaço geocêntrico é substituído pelo espaço heliocêntrico. A nova física, juntamente com a matemática, serão a nova gramática do conhecimento na modernidade que se constitui no horizonte histórico da subjetividade: a *mathesis universalis*, o sonho de Descartes.

A concepção helimórfica – da unidade do corpo e da alma – presente na interioridade dos sujeitos do horizonte da Antiguidade Clássica e Medieval, agora é substituída pela concepção mecanicista que habita o mundo moderno. O radical dualismo – agora externo e não mais interno ao sujeito –, corpo/alma, extensão/pensamento, *res extensa/res cogitans* (substância extensa/substância pensante), é o traço fundamental do pensamento cartesiano que separa, que divide.

A metáfora do *relógio* é o modelo que o mundo moderno ocidental irá subsumir no pensamento de Descartes. Homem, Mundo e Deus agora, são perspectivados desde esta visão. A natureza pode agora ser manipulada, pois ela não mais é o *vestigium* de Deus no dizer de São Boaventura no medievo cristão[6]; o Homem é definido, agora, enquanto uma substância pensante e que pode existir independente de

---

6. "Ciência e poder do homem coincidem, uma vez que, sendo a causa ignorada, frustra-se o efeito. Pois a natureza não se vence, senão quando se lhe obedece. E o que à contemplação apresenta-se como causa é regra na prática" (livro I, aforismo III). "Engendrar e introduzir nova natureza ou novas naturezas em um corpo dado, tal é a obra e o fito do poder humano [...]" (livro II, aforismo I. In: BACON, Francis. *Novum Organum*. São Paulo: Abril, 1984, p. 13 e 93 [Coleção Os Pensadores].

ter um corpo ou não[7]; e, Deus, não é mais o Deus da revelação, o Deus da fé, o Deus do dogma, mas sim, é o puro pensamento, ou seja, é a razão-deusa, uma ideia que Descartes tira do Cogito[8].

O século XVII – isto agora no Ocidente, porque o Oriente irá tomar outros rumos – irá presenciar um progressivo declínio do modo de pensar da Antiguidade Clássica, principalmente a Medieval. Isto é, a partir de Nicolau de Cusa, Giordano Bruno, Copérnico, Kepler e Galileu Galilei, René Descartes, como outros também, começa-se a (des-)construir um outro horizonte. Está sendo inaugurado um novo horizonte histórico que vai se manifestar nas várias dimensões do espírito humano (nas ciências, na pintura, na literatura, na política, na economia, na religião etc.). Está-se diante de uma nova visão de mundo, ou seja, a visão naturalista (tudo o que é natural é bom) que se contrapõe à visão anterior que é sobrenatural. Está-se diante de novos critérios, agora naturais, de explicação do mundo (humanismo, racionalismo, empirismo, criticismo). É o horizonte antropocêntrico.

---

7. "[...] Porque, examinando o que somos, nós que pensamos agora que nada há fora do pensamento que seja verdadeiramente ou que exista, concebemos, claramente, que, para ser, não temos necessidade de extensão, de figura, de estar em qualquer lugar, nem de nenhuma outra coisa que se possa atribuir ao corpo, e que somos apenas porque pensamos [...]" (DESCARTES, René. *Princípios de Filosofia*. Lisboa: Guimarães, 1984, p. 57).

8. Artigo 18 – *Que pode demonstrar-se mais uma vez por isso que há um Deus*. De igual modo, por encontrarmos em nós a ideia de um Deus ou de um Ser sumamente perfeito, podemos investigar a causa que determina que esta ideia seja em nós [...] (DESCARTES. Op. cit., p. 67).

Como afirmado logo acima, a metáfora do *relógio* é o modelo daquilo que irá se impor no pensamento moderno como uma visão de mundo: a *visão mecanicista*. Este modelo será subsumido no pensamento filosófico científico de Descartes e encontrará seu acabamento no pensamento filosófico científico de Isaac Newton. Neste paradigma – o da visão mecanicista – encontrar-se-á o *traço* e o *signo* do pensamento moderno ocidental.

René Descartes em *As paixões da alma*, na primeira parte, artigo 6, ao falar da diferença que há entre um corpo vivo e um corpo morto, assim diz:

> A fim de evitarmos, portanto, esse erro, consideremos que a morte nunca sobrevém por culpa da alma, mas somente porque alguma das principais partes do corpo se corrompe; e julguemos que o corpo de um homem vivo difere do de um morto como um relógio, ou outro autômato (isto é, outra máquina que se mova por si mesma), quando está montado e tem em si o princípio corporal dos movimentos para os quais foi instituído, com tudo o que se requer para a sua ação, difere do mesmo relógio, ou outra máquina, quando está quebrado e o princípio de seu movimento para de agir[9].

A visão mecanicista, aliada agora ao corpo dualista sem tensão, pois o dualismo é externo e não mais interno ao sujeito, resultará, como ficou sinalizado

---

9. DESCARTES, René. *As paixões da alma*. São Paulo: Abril, 1983, p. 218 [Coleção Os Pensadores].

anteriormente, no aparecimento de várias teses concernentes à identidade "físico-mental" ou à visão psicofísica. Desta outra visão antropológica que a modernidade irá agora inaugurar, e que terá o homem mesmo como critério de verdade, é que terá origem e início o novo debate filosófico e científico no cenário moderno ocidental: o racionalismo e o empirismo.

Para o racionalismo, como ficou explicitado acima, o corpo é e funciona à maneira da máquina ou do autômato, e quando as principais partes deste autômato se corrompem, ele se assemelha ao relógio ou à máquina quebrada. O corpo deficiente, nesta perspectiva, é um corpo quebrado, ainda em que pese que não é o corpo o critério definidor do que seja o homem, e sim, o pensamento, a razão, a alma, a *res cogitans*. Vale lembrar que, para Descartes, a alma subsiste sem o corpo.

David Hume, um dos representantes maiores do empirismo na modernidade nascente, assim diz em *Investigação sobre o entendimento humano*, quando discute sobre os argumentos para provar que todas as idéias ou percepções mais fracas são ainda cópias das percepções mais vivas, as quais ele irá chamar de impressões. É o segundo argumento que se encontra na Seção II – Da origem das ideias, parágrafo 15:

> Segundo: se sucede que, por um defeito do órgão, um homem não é suscetível de determinada espécie de sensação, verificamos sempre que ele é igualmente incapaz de formar as ideias correspondentes. *Um cego não pode fazer ideia das co-*

res, nem um surdo dos sons. Que a cada um deles se restitua o sentido de que carece e, abrindo-se essa porta a novas sensações, ter-se-á aberto também uma porta às ideias, e ele não terá dificuldade em conceber esses objetos[10].

Pode-se afirmar que tanto o racionalismo como o empirismo quando olham para o corpo não estão olhando para o corpo deficiente em última instância, mas sim para um corpo que funciona perfeitamente como perfeito é o funcionamento da máquina. O corpo deficiente, o corpo deformado, o corpo defeituoso, o corpo não apolíneo, o corpo não linear não cabem no pensamento moderno ocidental nascente.

É verdade que o horizonte da modernidade ocidental nascente vai estar falando agora de um outro corpo que tem, sem sombra de dúvida, ligações e heranças da visão de corpo do horizonte da Antiguidade Clássica e Medieval. Os pensadores da modernidade não ignoraram o que foi desenvolvido antes deles, mas o corpo com o qual se vai tratar agora não é mais o corpo helimorficamente falando, que vive a divisão em sua interioridade na totalidade do sujeito, e, sim, o corpo aberto, o corpo na exterioridade do sujeito que é dividido. É o corpo da medicina moderna que se ramificará na biologia, na educação física, na fisioterapia, na nutrição, na psicologia, na anatomia (estas áreas de saberes que povoam nossas universidades, nossos hospitais, nossos ambu-

---

10. HUME, David. *Investigação sobre o entendimento humano.* São Paulo: Abril, 1984, p. 139 [Coleção Os Pensadores – grifo meu].

latórios, nossos centros médicos, nossas literaturas científicas etc.), ou seja, é o corpo máquina. É o corpo do renascimento, marcado pela simetria e pela linha apolínea da escultura, da arquitetura, da pintura, da literatura, da música. Estas extensões modernas do moderno corpo nascente.

Esta divisão na exterioridade do sujeito, do corpo portanto, manifestar-se-á também naquilo que será nossa herança até hoje, ou seja, a disjunção, a redução, a abstração e a simplificação, *marcas*, *traços* e *signos* maiores do nosso pensamento ocidental. Edgar Morin assim diz:

> Vivemos sob o império dos princípios de *disjunção*, de *redução* e de *abstração*, cujo conjunto constitui o que eu chamo o "paradigma da simplificação". Descartes formulou este paradigma mestre do Ocidente, ao separar o sujeito pensante (*ego cogitans*) e a coisa extensa (*res extensa*), quer dizer, filosofia e ciência, e ao colocar como princípio de verdade as ideias "claras e distintas", ou seja, o próprio pensamento disjuntivo. Este paradigma, que controla a aventura do pensamento ocidental desde o século XVII, permitiu, sem dúvida, os grandes progressos do conhecimento científico e da reflexão filosófica; as suas consequências nocivas últimas só começam a revelar-se no séc. XX[11].

---

11. MORIN, Edgar. *Introdução ao pensamento complexo*. Lisboa: Instituto Piaget, 1991, p. 15.

À divisão exterior da totalidade do sujeito, do corpo do sujeito, creio corresponder à divisão também exterior da totalidade do conhecimento, do corpo do conhecimento: *res cogitans* (filosofia) e *res extensa* (ciência). É bom não nos esquecermos que no horizonte histórico anterior – o da Antiguidade Clássica e o da medievalidade –, é a interioridade da totalidade do sujeito, do corpo do sujeito que é dividido e tensionado (intelecto, razão e corpo), é a interioridade da totalidade do conhecimento que é dividida e tensionada (fé e razão; filosofia e teologia; natural e sobrenatural; cultura da terra e cultura do céu, isto nas respectivas tradições judaica, cristã e muçulmana). Esta tensão se manifesta no gênero das *Sumas* (filosófica, teológica e lógica) do pensamento escolástico, na arquitetura, na literatura, na ciência etc., e na própria vida cotidiana das gentes da medievalidade.

Na *disjunção*, na *redução*, na *abstração* e na *simplificação*, tanto da totalidade do sujeito e do corpo do sujeito, bem como da totalidade do corpo do conhecimento a quebra da tensão será inevitável. Este não tensionamento do conhecimento culminará naquele "fundamentalismo científico" – marca dominante do critério de cientificidade do século XIX e que vige ainda em nossos tempos –, reinante, dominante e gozante de boa saúde como critério de construção de conhecimento científico e ainda de leitura da corporeidade, ou seja, o positivismo. Esta filosofia porta em sua lógica os caracteres reducionista, determinista e simplista, marcas do paradigma dominante e hegemônico que povoam todos os espaços ainda no contemporâneo. Esta é a razão, creio eu, da não *pulsão* (para usar uma teminologia que vem da Psicanálise freudo-lacaniana) no conhecimento contemporâneo e, por que não dizer, nos nossos corpos! A perda da tensão é a perda da pulsão!

O resgate e a re-*signi*-ficação desta tensão/pulsão na modernidade dar-se-á, creio que fundamentalmente, dentro de dois contextos: o da estética barroca e o da filosofia crítica de Immanuel Kant.

Não tem lugar desenvolver uma teoria do barroco enquanto uma estética complexa que, tendo sua origem e fundação na cultura hispânica do século XVII, dará o tom e o timbre no mundo europeu bem como, e principalmente, no mundo latino-americano e caribenho. Vale reter sim, que a complexidade da questão do barroco passa pelo estilo desmesurado e paradoxal que se contrapõe ao estilo de equilíbrio e de apaziguamento do renascimento. Se no renascimento o corpo é o corpo linear, apolíneo, perfeito, sem paradoxos e apaziguado, no barroco, ao contrário, o corpo é não linear, deformado, defeituoso, imperfeito, pleno de tensão paradoxal e sem apaziguamento. Eis aqui a grande diferença destas duas estéticas: se a primeira reflete a ordem, a simetria, o centro, tudo aquilo que é higiênico, a *consciência* portanto, a segunda, por sua vez, reflete a desordem, a assimetria, a periferia, tudo aquilo que é sujo, a *inconsciência*, então.

E em nossa literatura isto abunda, porque abundante é nossa cultura barroca. É isto que pode ser percebido, visualizado e ouvido no soneto de nosso poeta barroco maior depois de Antônio Vieira e antes de Oswald de Andrade:

> Um prazer, e um pesar quase irmanados,
> Um pesar, e um prazer, mas divididos
> Entraram nesse peito tão unidos,
> Que Amor os acredita vinculados.
>
> No prazer acha Amor os esperados
> Frutos de seus extremos conseguidos,
> No pesar acha a dor amortecidos
> Os vínculos do sangue separados.
>
> Mas ai fado cruel! Que são azares
> Toda a sorte, que dás dos teus haveres,
> Pois val (vale) o mesmo dares, que não dares.
>
> Emenda-te, fortuna, e quando deres,
> Não seja esse prazer em dois pesares
> Nem prazer enterrado nos Prazeres[12].

O barroco então, com um pé na medievalidade e outro na modernidade, irá re-*signi*-ficar o sujeito dividido em um corpo dividido, salvaguardando o tensionamento pulsional de um corpo e de um conhecimento onde ordem/desordem, simetria/assimetria, apolíneo/dionisíaco, higiênico/sujo, centro/periferia, céu/terra, paraíso/inferno, prazer/pesar, conscien-

---

12. MATOS, Gregório de. *Poemas escolhidos*. São Paulo: Cultrix, 1997, p. 328 [Seleção, introdução e notas de José Miguel Wisnik]. Este soneto é dedicado "a Manuel Ferreira de Veras nascendo-lhe um filho, que logo morreu, como também ao mesmo tempo um seu irmão, e ambos foram sepultados juntos em N. Senhora dos Prazeres".

te/inconsciente etc., se apresentam numa dialética sem síntese, pleno de paradoxos, aporias e paroxismos. Ora, o corpo deficiente, no ambiente de uma visão renascentista, e mais tarde positivista, não terá lugar, e a teoria estética do barroco inclui aquilo que ficou e ainda continua excluído pela visão renascentista e positivista. Não terá a teoria estética do barroco, então, elementos para se pensar e re-*signi*-ficar o "corpo deficiente"? Não será a teoria do barroco – esta teoria esquecida e marginal – uma hermenêutica inédita ainda para se recolocar o "corpo deficiente" numa outra posição como um outro diferente tão-somente, junto com outros corpos também diferentes? Não estará na teoria do barroco já uma possibilidade de pensar o "corpo deficiente" para além do deficiente e vê-lo agora na chave de leitura do corpo que é o diferente? Não é já a teoria do barroco uma teoria da *alteridade* possibilitadora de ruptura com a visão dominante do "corpo deficiente"?

Outro lugar de resgate e de re-*signi*-ficação da tensão/pulsão dar-se-á com a filosofia de Immanuel Kant. Também não terá lugar desenvolver a estrutura do pensamento kantiano, mas vale reter que, com Kant, tem início a tarefa de aproximação das duas grandes tendências filosóficas abertas pelo racionalismo e levado adiante pelo empirismo. O Kant das três críticas: a Crítica da Razão Pura, a Crítica da Razão Prática e a Crítica da Faculdade de Julgar restitui a *res cogitans* e a *res extensa* no horizonte da tríade das Críticas. *Kant só pode ser entendido no contexto desta tríade, portanto, e não fora dela.* Desde esta vertente da filosofia é que poder-se-á compreender sempre rastreando, como que a questão da *pulsão* na Psicanálise será recolocada – depois da estética barroca – com a noção subversiva do *inconsciente* freudiano. De Kant a Freud, Schopenhauer e Nietzsche são passagens obrigatórias!

Mas não só para a Psicanálise se vai a partir de Kant, vai-se também para Hegel e Marx, outro lugar de restituição da tensão/pulsão: o lugar da história do corpo, principalmente do corpo explorado, vitimado, alienado. Vai-se também para o existencialismo e a fenomenologia: o lugar do corpo enquanto um existente e de intenção. Maurice Merleau-Ponty assim se expressa em sua *Fenomenologia da Percepção*: "Reconhecemos no corpo uma unidade distinta daquela do objeto científico. Acabamos de descobrir uma intencionalidade e um poder de significação até em sua 'função sexual'. Procurando descrever o fenômeno da fala e o ato expresso de significação, poderemos ultrapassar definitivamente a dicotomia clássica entre o sujeito e o objeto"[13]. E por fim, de Kant, vai-se para o campo das muitas e infinitas linguagens, paisagens estas da semiótica, pelo menos a de Charles Sanders Peirce: o corpo enquanto um signo. Isto porque o horizonte agora é de espaços nem geocêntrico e nem heliocêntrico. Do espaço da geometria euclidiana presente em Kant se parte e se ramifica aos espaços, agora, não-euclidianos e einsteinianos, espaços estes de não-centros, de não-reducionismos, de não-determinismos, de caos, de in-certe-

---

13. MERLEAU-PONTY, Maurice. *Fenomenologia da percepção*. São Paulo: Martins Fontes, 1999, p. 237.

zas, portanto, signos do paradigma da complexidade. O corpo-signo, lugar de des-centramentos em espaços de infinitos não-centros, portanto.

É no eixo das múltiplas direções que o pensamento de Kant toma – principalmente naquele que vai até Freud – que desejo introduzir a hipótese primeira deste trabalho, ou seja, a de que o corpo deficiente não existe. Nas múltiplas direções que toma o pensamento de Kant, a questão do corpo, e por que não dizer também a questão do "corpo deficiente", ganhará um outro sentido e uma outra *significação*. A hipótese da não existência do corpo deficiente se fundamenta justamente na hipótese da existência do inconsciente na psicanálise freudiana e de sua teoria do desejo.

O desejo é do campo da psicanálise. Neste sentido, creio que se tem que aproximar deste saber fundado por Sigmund Freud e re-fundado por Jacques Lacan, no sentido do retorno que ele faz a Freud.

O discurso freudiano inaugura um deslocamento da concepção médica e neurológica. Em Lacan há um distanciamento metalinguístico em relação a Freud, pois tira questões da linguística e opera no mundo do inconsciente. Daí dizer Lacan o seu conhecido axioma que o "inconsciente é estruturado como uma linguagem". Se o "inconsciente é estruturado como uma linguagem", Samira Chalhub diz que "ele fala" e "o tom de sua fala é poético"[14]. A fun-

---

14. CHALHUB, Samira (1987). *Funções da linguagem*. São Paulo: Ática, 1987, p. 41.

ção poética e o desejo enquanto realidades inconscientes cessam somente com a morte. Por isso que do ponto de vista psicanalítico a função do desejo, no fundo, significa a *responsabilidade do discurso*, com a posição que o sujeito (do inconsciente) ocupa no discurso. Implica numa *ética do sujeito*, dele consigo próprio. Somos então o que desejamos, mas ignoramos isso. Nesse sentido Lacan diz que: "proponho que a única coisa da qual se possa ser culpado, pelo menos na perspectiva analítica, é de ter cedido de seu desejo"[15].

O corpo deficiente, então, não pode ser momento de cedimento do desejo, pois é o desejo que põe o sujeito sempre no desejo de ser, ou seja, "eis por que, seres de desejo, nosso destino é só poder ter acesso à *falta-a-ser*"[16]. Uma semiótica psicanalítica nesta direção, portanto, possibilitará uma outra compreensão do "corpo deficiente", para além daquela acentada em orientação orgânico-mecanicista-reducionista-positivista, como vimos até então.

No per-curso deste ensaio reflexivo sobre o "corpo deficiente" se tentou demonstrar, a partir das duas hipóteses de trabalho acenadas logo no início, ou seja, a de que o corpo deficiente não existe e a da necessidade ainda de se manter uma noção de corpo dividido enquanto lugar de tensão (para além dos dualismos binários e disjuntivos da modernidade oci-

---

15. LACAN, Jacques (1988). *O seminário* – A Ética da Psicanálise. Livro 7. Rio de Janeiro: Zahar, 1988, p. 382.
16. REY, Pierre. *Uma temporada com Lacan*. Rio de Janeiro: Rocco, 1990, p. 48.

dentalista), que faz-se urgente re-*signi*-ficar a existencialidade do corpo enquanto *topoi* de infinitas linguagens.

Estas infinitas linguagens podem ser des-*cobertas* a partir do próprio en-*cobrimento* que uma determinada tradição ocidentalista impôs como concepção dominante de corpo e que ainda se mantém até hoje em forma de paradigma: a concepção mecanicista.

Desde a teoria da estética barroca a Kant, com suas múltiplas ramificações, se tentou des-*cobrir* estas infinitas linguagens para se re-*signi*-ficar o corpo deficiente que deixa de ser corpo *deficiente* para ser corpo *diferente*. Corpo de tensão, de pulsão, de criação poético-artística e de outras tantas formas de produção simbólicas existentes no mundo da cultura e das culturas em suas diferenças também, como a música, a filosofia, a teologia bem como da vida mesma como arte de ser vivida. O corpo deficiente nesta perspectiva deixar de ser, não tem razão de ser, pois o que o funda é fundamentalmente a *diferença*, a *alteridade*, mesmo estando-sendo sempre em *falta-a-ser*, esta sim, *deficiência* de todos os corpos de cada dia em todas as culturas. Do meu corpo, do teu corpo, do nosso corpo *falta-a-ser*.

Diálogo com a história

*Roberta Gaio**

Ao longo da história, o conceito de deficiência foi sendo construído na perspectiva de atender aos interesses daqueles que se apresentavam como eficientes. Isto não quer dizer que as diversas deficiências em si, tais como visual, auditiva, física, mental e outras não tiveram existência concreta. O que constatamos é que a tratativa destas questões, durante o percurso que a humanidade realizou ao longo de seu processo civilizatório, não privilegiou o atendimento a estas dificuldades apresentadas pelo corpo humano.

O presente século construiu um novo conceito para a ação humana, constituído de uma nova com-

---

* Professora da graduação e pós-graduação em Educação Física da Universidade Metodista de Piracicaba e da Pontifícia Universidade Católica de Campinas; doutora em Educação pela Unimep; coordenadora do Projeto de Pesquisa *A eficiência do corpo deficiente:* uma abordagem a partir da história sob a ótica da Teoria da Complexidade; coordenadora do projeto de extensão, realizado na Associação de Pais e Irmãos dos Portadores de Síndrome de Down; autora do livro *Ginástica rítmica desportiva popular:* uma proposta educacional.

preensão sobre o corpo, o trabalho, o lazer e sobre o processo de aprendizagem. Este estudo objetiva explicitar as relações pessoais e sociais que determinam esta problemática, a partir dos relatos das histórias de alguns desses sujeitos, tomando como eixo condutor o desenrolar cronológico da história humana no confronto com o limiar do século XX.

É no início deste último século que se torna possível constatar um novo rumo para o entendimento do ser humano considerado como deficiente, na perspectiva que supera o estigma da deficiência e reconceitualiza o conceito de eficiência. A visão integral sobre o corpo, conquista das últimas décadas nas áreas específicas de conhecimento que o tem como objeto de estudo, é o eixo norteador para re-visar, isto é, ver novamente, o significado do conceito nomeado.

Hoje, eficiente é todo aquele que é capaz de solucionar os desafios do cotidiano, tanto por suas próprias forças quanto valendo-se de alternativas externas. Neste sentido, a ideia de eficiência está muito mais vinculada à resposta que os seres humanos *inteiros* ou *penalizados em suas partes* dão às solicitações da vida, aos conflitos, comprometimentos sociais, do que aos padrões corporais estabelecidos externamente pelos interesses subjacentes às instituições sociais.

Metodologia

Com o intuito de entender melhor a problemática dos corpos que nascem fora do padrão biológico estabelecido socialmente como normal, por isso nomeados deficientes, buscamos as fontes escritas que abordam esse assunto e optamos pela metodologia denominada História Oral, com recursos da técnica de Histórias de Vida.

Para aplicação da técnica escolhida definimos como universo da pesquisa os frequentadores do Centro Interdisciplinar de Atenção ao Deficiente da Pontifícia Universidade Católica de Campinas, entrevistando ali alguns sujeitos. Dentre estes, selecionamos quatro e a partir dos relatos dos sujeitos e das categorias *identidade pessoal, vida cotidiana, religiosidade e inserção na sociedade*, construímos a história dos corpos deficientes, somando a história escrita à história oral, e tornando a história mais real, do ponto de vista da presença do ser humano na construção histórica.

O corpo deficiente na perspectiva da história

A evolução cultural ocorrida ao longo dos tempos implicou em modificações sociais e, consequentemente, na construção de uma nova realidade social, não como algo que se inicia do nada mas como resultado de um conjunto de ações e acontecimentos que se inter-relacionam e se acrescentam à vida do ser humano.

A história do corpo, em especial a do corpo deficiente, tem como ponto de referência a realidade, que segundo Duarte Jr. (1989) é produto das ações sociais, culturais, políticas, religiosas do ser humano, diferentes em cada momento e forjadas no encontro incessante com o meio ambiente.

Para Silva (1987) todo o processo de discriminação dos corpos deficientes está presente já nos acontecimentos passados, e os argumentos revelam isso:

> Anomalias físicas ou mentais, deformações congênitas, amputações traumáticas, doenças graves e de consequências incapacitantes, sejam elas de natureza transitória ou permanente, são tão antigas quanto a própria humanidade. Através dos muitos séculos da vida do homem sobre a Terra, os grupos humanos de uma forma ou de outra tiveram que parar e analisar o desafio que significavam seus membros mais fracos e menos úteis, tais como as crianças e os velhos de um lado, e aqueles que, vítimas de algum mal por vezes misterioso ou de algum acidente, passavam a não enxergar mais as coisas, a não andar mais, a não dispor da mesma agilidade anterior, a se comportar de forma estranha, a depender dos demais para sua movimentação, para alimentação, para abrigo e agasalho (p. 21).

Tomando as sociedades primitivas como primeiro elemento referencial, notamos que em uma sociedade formada por nômades não havia "espaço" para os corpos deficientes, pois não existia uma estrutura social que pudesse absorvê-los.

Os autores pesquisados nos apresentam algumas conjecturas sobre o destino dos corpos deficientes no mundo primitivo, escritas com boas possibilidades de apresentarem interpretações corretas, uma vez que pouco podemos saber concretamente; são registros, que nos apontam para os acontecimentos ocorridos envolvendo os seres humanos com limitações para tarefas de caça, pesca, guerra, enfim tarefas de sobrevivência, peculiares ao período em questão.

Encontramos registros de que as deficiências que existem no mundo de hoje já estavam presentes no mundo de ontem, desde os primeiros dias do ser humano sobre a Terra. E a falta de recursos no seio das populações primitivas tornava estas deficiências fatais em alguns casos: amputações em vários níveis e membros, cegueira ou limitações de visão, defeitos de nascimento ou malformações, surdez ou reduções graves de audição, paralisia cerebral de intensidades diversas, deficiências mentais nos variados graus, desordens neurológicas diversas, paralisias – paraplegia, tetraplegia, hemiplegia – síndromes incapacitantes diversas, paralisia infantil e incapacidades múltiplas.

De acordo com relatos de antropólogos e historiadores da medicina, mencionados por Silva (1987), existiam dois tipos de atitudes para com o corpo deficiente no mundo primitivo: "uma atitude de aceitação, tolerância, apoio e assimilação e uma outra, de eliminação, menosprezo ou destruição" (p. 39).

Cremos que as reações frente ao complexo fenômeno da deficiência estavam, neste período, ligadas às limitações do modelo primitivo de sociedade e assim não devem ser analisadas a partir de posições éticas da vida atual. Este, aliás, é um grande equívoco de interpretação histórica. Sobre estas questões podemos dizer, inclusive, que para uma sociedade na qual as relações de produção eram baseadas na coletividade, principalmente ligadas ao trabalho com a terra, sem recursos materiais e somente com a força do ser humano, o corpo deficiente se viu isolado, sem condições de colaborar para os frutos desse trabalho. Numa sociedade onde o regime comunitário de produção e propriedade era definido pelos meios de existência necessários, não que seja aceitável, porém, é compreensível que as atitudes em relação aos corpos deficientes tenham sido ora de compaixão, ora de abandono. Há que se compreender que foi uma época de grandes descobertas, tanto de problemas quanto de solução para eles. Naturalmente, a sobrevivência era o maior dos problemas e os corpos deficientes pouco poderiam auxiliar no tocante à solução.

Guhur (1992), em seus estudos sobre a representação da deficiência mental, nos transporta para os remotos tempos das sociedades primitivas, em busca de entendimento das forças causadoras de males e doenças e de práticas que representavam o pensamento do ser humano naquela época frente à problemática da deficiência:

> Alguns achados arqueológicos, datados da Era Mesolítica, sugerem ter sido praticados a amputação de mãos e pés, e cirurgias cranianas (trepanação), estas provavelmente realizadas para expulsar os "maus espíritos" da cabeça do homem. Outros mostram esqueletos de homens com fraturas solidificadas (p. 31).

Na sociedade grega, a educação física tem caráter fundamental. Aí encontramos uma preocupação e exploração do corpo saudável, forte e perfeito como uma maneira do ser humano sobreviver defendendo sua pátria. É também uma alusão à origem dos esportes, enquanto elemento mobilizador da sociedade, como instrumento da classe que mantém poder, pois é deste período a origem dos Jogos Olímpicos Antigos.

Entre Esparta e Atenas existiam diferenças. As cidades viveram momentos diferentes em relação à vida pública, apresentando uma constituição social diferenciada e, portanto, perspectivas diferenciadas sobre os corpos.

A sociedade espartana se estabelecia pela desigualdade entre as pessoas, e não era impossível um cidadão perder suas propriedades e seus direitos políticos por pobreza ou transgressão de alguma lei e passar para uma classe inferior. Já a sociedade ateniense se dividia em classes – cidadãos, estrangeiros e escravos – e a brandura dos costumes dessa sociedade impedia o mau tratamento até mesmo com os escravos e propiciava o acolhimento aos estrangeiros. Essas afirmações encontram respaldo na obra de Jardé (1977).

O paradigma espartano de vida propunha o desenvolvimento do corpo forte, esteticamente definido através da prática da ginástica, da dança, de lutas e jogos, como um adestramento físico, necessário para a proteção da pátria. Os espartanos idolatravam o corpo e suas formas perfeitas, geradas pela prática dessas atividades físicas e pela educação severa, voltada para a formação militar.

Aranha (1989) aponta que no paradigma espartano de vida praticava-se uma eugenia radical: as crianças que apresentavam alguma deficiência eram eliminadas. Diz a autora:

> Os cuidados começam com a política de eugenia que recomenda abandonar as crianças nascidas com defeitos, frágeis demais, bem como procurar fortalecer o corpo das mulheres para que gerem filhos robustos e sadios (p. 38).

Russo (1997) menciona que os espartanos valorizavam o desenvolvimento do corpo, preparando-o para a guerra e a defesa da pólis. Para tanto o corpo devia ser forte, robusto e vigoroso, e os que se distanciavam dessas regras básicas eram considerados inúteis à pátria. As atividades físicas eram voltadas para a formação militar e a eugenia era uma atitude apoiada pelo conselho de governadores. A sociedade não pensava no ser humano enquanto um cidadão possuidor de direitos e, sim, de deveres, e um dos deveres era ser um corpo perfeito. Assim sendo, neste período os corpos deficientes conheceram a solidão e o desprezo de uma sociedade que não conseguia enxergar possibilidade de vida na existência de corpos mutilados, lesados, incompletos, enfim diferentes dos chamados *normais*.

Ao contrário de Esparta, Atenas mantinha uma sociedade que, apesar de se preocupar também com a eugenia, tinha uma atitude política diferenciada com relação a ela. O poder de decisão da vida dos cidadãos não estava nas mãos do conselho de governadores. A proposta de educação ateniense era voltada para o refinamento intelectual, além da preocupação com o corpo, o que, naturalmente, já ampliava sua concepção de sociedade e a inserção dos sujeitos sociais; no entanto, apesar dos indivíduos terem liberdade para escolher a educação para os próprios filhos, nessa comunidade também havia o interesse pela busca da perfeição corporal, e assim os corpos deficientes eram marginalizados.

Diante disso, podemos entender o porquê dos deficientes viverem nesse período o que foi denominado pelos historiadores como "período de extermínio", no qual os corpos deficientes foram aniquilados, pois eram julgados e destituídos do direito à vida. Se os escravos eram os responsáveis pelas tarefas corporais, e se para essas tarefas necessitavam de corpos perfeitos, fortes, os corpos deficientes não encontravam lugar nem entre os escravos, a menor das categorias entre os seres humanos na época.

Ainda no mundo antigo, porém no período do domínio romano, informações obtidas em Silva (1987), baseadas em Sêneca, nos apontam para a existência de atitudes semelhantes com os corpos deficientes, seja relacionado ao infanticídio, seja à falta de vitalidade do ser humano:

> Não se sente ira contra um membro gangrenado que se manda amputar; não o cortamos por ressentimento, pois trata-se de um rigor salutar. Matam-se cães quando estão com raiva; exterminam-se touros bravios; cortam-se as

cabeças das ovelhas enfermas para que as demais não sejam contaminadas; matam-se os fetos e os recém-nascidos monstruosos; se nascerem defeituosos e monstruosos, afogamo-los; não devido ao ódio, mas à razão, para distinguirmos as coisas inúteis das saudáveis (p. 129).

Encontramos em Durant (1957) a realidade dos corpos deficientes na sociedade romana ligada às atividades em circos, para serviços simples e muitas vezes tarefas humilhantes; atividades de prostituição, onde meninas cegas vendiam o seu corpo; além de atividades de remadores executadas por homens fortes e cegos, quando não eram simplesmente estimulados a esmolar nas ruas.

Entre os escravos domésticos havia os de toda sorte e condição: criados pessoais, mecânicos, preceptores, cozinheiros, cabeleireiros, músicos, copistas, bibliotecários, artistas, médicos, filósofos, eunucos, rapazes bonitos que servissem pelo menos de copeiros, e aleijados que divertissem com sua disformidade; existia em Roma um mercado especial para compra e venda de homens sem pernas ou braços, de três olhos, gigantes, anões, hermafroditas (p. 404).

A passagem da Antiguidade ao Feudalismo, sistema econômico-político que predominou na Idade Média, instala o outro momento histórico que organiza esta reflexão.

Em relação a esse período, encontramos registros em Ariès (1978) sobre as crianças, na Idade Média, onde o autor constata que não havia uma obrigação nem moral e nem social com elas. Eram, ao contrário, tratadas com indiferença e a morte de um grande número de crianças, inclusive as ditas normais, era entendido como algo previsível.

Ninguém pensava em conservar o retrato de uma criança que tivesse sobrevivido e se tornado adulta ou que tivesse morrido pequena. No primeiro caso, a infância era apenas uma fase sem importância, que não fazia sentido fixar na lembrança; no segundo, o da criança morta, não se considerava que essa coisinha desaparecida tão cedo fosse digna de lembrança: havia tantas crianças, cuja sobrevivência era tão problemática. O sentimento de que se faziam várias crianças para conservar apenas algumas era e durante muito tempo permaneceu muito forte (p. 56).

Podemos entender, até certo modo, o porquê da morte das crianças deficientes ser considerada como a resolução de um problema. Num período em que a insensibilidade dos seres humanos provocava um ar de conformismo natural em relação à morte em grande quantidade dos recém-nascidos ditos normais, como poderiam os seres humanos sob esta perspectiva de vida admitirem algo como o nascimento de crianças com sinais evidentes de fragilidades, deformidades ou deficiências?

Mas foi, assim mesmo, sofrendo repetidas formas de tratamento discriminatório que os corpos deficientes, seja na infância, ou na vida adulta, sobreviveram, perambulando pelos campos e cidades, em busca de alimento e abrigo, mesmo que temporário.

O moralismo cristão ocidental que associa a deficiência ao pecado vem desde a Antiguidade e alcança a Idade Média; aí, a morte, antes praticada com os deficientes, foi substituída pela segregação. Os corpos deficientes passaram a ser confinados em casas, porões ou vales. Consta, segundo alguns autores, que os deficientes mentais eram embarcados em porões de navios.

De acordo com Huberman (1986), a Igreja era a maior proprietária de terras no período feudal, devido às doações feitas a ela. Diversos são os motivos, desde reis, que após as batalhas e guerras de conquista passavam parte das terras conquistadas para a Igreja, até os indivíduos que doavam terras a ela como forma de alcançarem o céu após a morte. Além disso, as pessoas que não tinham herdeiros e eram assistidas pelos religiosos e consideravam a Igreja um espaço de atendimento aos pobres e necessitados, entre os quais os deficientes, ofereciam terras e bens à Igreja. Alguns autores dirão, inclusive, que organizou-se nesta época uma "indústria" de acompanhamento, pelos religiosos, de doentes ricos solitários!

Apesar de encontrarmos, com a propagação e solidificação do cristianismo, um outro posicionamento em relação ao ser humano, mais justo, mais atencioso, no qual os valores de caridade, fraternidade, compaixão, amor ao próximo, elevaram a vida ao posto de direito adquirido de todo ser humano, seja ele normal ou anormal, dando fim aos tempos de infanticídio e extermínio de deficientes, não podemos afirmar que houve uma mudança radical e efetiva no conjunto da sociedade. O que predominou verdadeiramente, ao longo de todos esses anos, foi o desprezo, a negligência e as atitudes apenas de tolerância em relação aos corpos deficientes.

Nos evangelhos, os deficientes são fortemente relacionados a castigos ou penitências para pagamento de faltas ou pecados. Havia uma crença arraigada no povo de que estes males eram consequência da interferência de maus espíritos, ou como um castigo para pagamento de pecados antigos.

O advento do cristianismo trouxe consigo uma apatia pelas questões corporais, pois os preceitos religiosos e o bem da alma eram colocados em oposição ao corpo. "A doutrina religiosa preconizava o abandono do corpo para a conquista do reino celeste [...]" (RUSSO, 1997: 14).

Com isso estabeleceu-se uma nova concepção de corpo, ou seja, o afastamento provocado entre o físico e o intelectual conduziu a sociedade a negar a importância e a vivência do corpo, lutando inclusive contra as paixões da carne. Nesse período a alma tinha mais importância que o corpo, assim como os indivíduos bem nascidos sobrepujavam aos indivíduos incompletos, truncados, imperfeitos, coxos.

Para o cristianismo a alma era a parte mais digna do ser humano e o corpo se tornava importante somente quando era elevado à condição de templo de Deus. Do contrário, o corpo era sempre alvo de ascese, jejum, abstinência e autoflagelação. A bem da verdade, há uma dualidade instalada neste período, na concepção de corpo: às vezes, templo de Deus, outras vezes, oficina do demônio.

É com o cristianismo, principalmente na Idade Média, que se materializa o significado do corpo como fonte de pecado, como ideia de matéria, e consequentemente toda a ação corporal. Toda vontade carnal tem como efeito o afastamento de Deus e o sentimento de culpa como castigo pelo pecado inicial cometido.

Com essas observações vimos que, para os corpos deficientes, o pecado supostamente relacionado às questões corporais era sempre denunciado pela sua própria existência, pelas suas características biológicas diferentes. Sendo assim, as referências esporadicamente encontradas, deste período, denunciam a realidade dos corpos deficientes unida ao anjo do mau, ao espírito das trevas, a Lúcifer, que tendo se rebelado contra Deus foi precipitado no inferno e desde então empenha-se pela perdição da humanidade.

Podemos observar que na Idade Média, a existência dos corpos deficientes sempre esteve atrelada ao que Fonseca (1989) menciona como:

> conformismo piedoso do cristianismo, até a segregação e marginalização operadas pelos "exorcistas" e "esconjuradores" [...] ligada a crenças sobrenaturais, demoníacas e supersticiosas (p. 10).

Observamos que com a forte influência da Igreja, inclusive limitando os avanços da medicina por meio dos valores e dogmas estabelecidos, os corpos deficientes ficavam por conta das benzeduras e práticas de exorcismo. Vários eram os males que acometiam os seres humanos na época e que não conseguiam ser explicados racionalmente. Porém, a vida dos corpos deficientes na Idade Média não foi uma problemática específica, que emergiu separadamente, para além dos assuntos que atingiram a sociedade feudal como um todo. Outras questões, como os males econômico, político e social, também atingiram a sociedade naquela época:

O Renascimento, como movimento fundamental para a revisão do cenário sócio-político-cultural, tem papel importante na renovação das idéias e conceitos deste período. Ele foi muito mais do que um retorno às bases daquilo que os autores chamam de cultura pagã. Foi um notável espaço de realizações no campo da arte, da literatura, da ciência, da filosofia, da política, da educação e da religião. Além disso, a Renascença apresentou ideias e atitudes que antecipavam o mundo da modernidade, como a preocupação com os interesses terrenos, o naturalismo, o individualismo e o humanismo.

De todos estes momentos, naturalmente o humanismo foi o mais fundamental, na medida em que resgatou o papel e a importância do ser humano em oposição ao poder e a dominância do ser divino. Este é o elemento fundamental para o ingresso do mundo na Época Moderna. Conforme Silva (1987):

Na penosa história do homem portador de deficiência começava a findar uma longa e muito obscura etapa. Iniciava a humanidade mais esclarecida os tempos conhecidos como "Renascimento" – época dos primeiros direitos dos homens postos à margem da sociedade, dos passos decisivos da medicina na área de cirurgia ortopédica e outras, do estabelecimento de uma filosofia humanista e mais voltada para o homem, e também da sedimentação de atendimento mais científico ao ser humano em geral (p. 221).

A transição do feudalismo para o capitalismo, sendo um marco econômico e político e, portanto, cultural, é nosso outro elemento referencial histórico ao lado do Renascimento. As novas relações de produção provocaram mudanças de comportamento.

Segundo relatos de Huberman (1986), a transição do sistema feudal de produção para o sistema de capital se deu de forma complexa e lenta e se caracterizou por períodos de conflitos e lutas entre a classe ascendente e a que sustentava o poder no antigo regime. O início da Idade Moderna apresentou modificações na forma de vida, provocando o surgimento de uma nova classe social, a classe média; a indústria deixou de ser doméstica e de existir somente para o sustento da família e atingiu a massa, daí se consolidando o espaço urbano. A produção do capital, então, mudou radicalmente e com ele as relações entre as pessoas.

Neste contexto Bianchetti (1995) expõe o papel do corpo deficiente na sociedade capitalista, a partir desta crise de transição:

> Portanto, o corpo passou a ser definido e visto como uma máquina. Daqui vai emergir um resultado desastroso, como veremos posteriormente: se o corpo é uma máquina, a excepcionalidade ou qualquer deficiência nada mais é do que a disfunção de uma peça. Se na Idade Média a deficiência está associada a pecado, agora está relacionada à disfuncionalidade (p. 12).

No mundo do consumo, gerado pelo mundo da produção, o corpo deficiente não tem espaço, pois o "Deus se chama capital e o pecado na religião do capital é não ser produtivo" (BIANCHETTI, 1995: 14).

O período contemporâneo, caracterizado por formas mais elaboradas do sistema capitalista, remete-nos a uma reflexão que o texto de Nunes Filho (1994) privilegia. Nele, o autor discute a influência do sistema capitalista de produção em relação ao erotismo e ao humano, presentes na subjetividade do corpo. Vejamos:

> A racionalidade inaugurou uma nova fase no processo de desumanização do mundo. Transformou a vida da espécie humana, de uma complexidade fantástica de elementos que inclui beleza, mistério, criatividade e sonho, num conjunto de hábitos simplórios voltados para a incrementação do binômio produção/consumo. Reduziu as alternativas das

potencialidades humanas ao esforço de produzir bens vendáveis (p. 9).

Qual é, então, o espaço possível para os corpos deficientes, nessa sociedade pautada pela eficiência proveniente do sistema capitalista?

O século XX traz um incrível avanço tecnológico que modifica fundamentalmente a estrutura organizacional da sociedade. O avanço das comunicações (telégrafo, telefone, rádio, televisão, satélites) torna o mundo um espaço sob o controle das grandes potências mundiais. A Guerra Fria, a produção científica, o posterior desenvolvimento da informática, fazem dos anos 40 um elemento demarcatório em nossa análise. É em torno deste período que começamos a localizar algumas iniciativas que podem ser pontuações de um novo tempo para a realidade dos corpos deficientes.

Evidentemente, além do interesse ideológico que o deficiente desperta, até como fonte de pesquisas médicas, como por exemplo episódios envolvendo prisioneiros de guerra, é preciso admitir que o presente século resgata, pelo menos em parte, a discussão sobre a deficiência enquanto espaço de reorganização da dignidade da vida.

O Ano Internacional do Deficiente, decretado pela Organização das Nações Unidas, em 1981, demarca um incentivo maior por parte dos governos a esse grupo de pessoas, considerado como um grupo especial da sociedade. Esta data é uma tentativa de levar o mundo a pensar sobre a problemática dos corpos deficientes. O fator fundamental que diferencia este momento é o pensar sobre a problemática dos corpos deficientes centrado nas possibilidades de vida desses corpos e não somente nas impossibilidades, fruto das limitações causadas pelo fato de serem eles biologicamente diferentes.

Os acontecimentos históricos nos mostram que evoluímos, de um modelo de sociedade em que a vida humana não era de valor indiscriminado, para outro, em que o avanço tecnológico denuncia a preocupação do ser humano em interferir na realidade, a fim de transformá-la para facilitar a integração daqueles que apresentam maiores dificuldades.

Kirk e Gallagher (1991), estudando a realidade dos corpos deficientes na história da humanidade, se mostram otimistas, e assim reforçam as ideias de um mundo mais digno, principalmente para esses corpos, quando relatam que "finalmente, na última parte do século XX, observa-se um movimento que tende a aceitar as pessoas deficientes e a integrá-las quanto possível na sociedade" (p. 6).

A criação de sofisticados aparelhos que proporcionam a realização de cirurgias de alto risco de vida, antes nunca praticadas, a invenção de instrumentos que levam o ser humano a falar com os olhos, a escrever com os pés, a andar sem as pernas, são exemplos de atuações que emergem de conotações valorativas de vida e consequentemente ampliam as dimensões do humano.

As discussões, que promovem o entendimento do conceito de normalidade e anormalidade, bem como os pressupostos que determinam o significado da vida, anunciam uma conquista para os corpos deficientes, ainda que em condições polêmicas, de um futuro mais comprometido com um viver mais digno e qualitativo.

O vivenciar de uma nova epistemologia da vida, na virada do século, mostra-se como um processo que pode libertar os seres humanos das amarras da repressão corporal, fruto da forma de coação provocada pela ideia equivocada de corpo padrão, perfeito, que impede que os corpos deficientes formem um laço permanente e de cumplicidade com o que pode ser considerado essencial para a sobrevivência de qualquer ser humano: amor, aceitação, respeito, educação, trabalho, lazer, direitos e deveres.

Trechos das histórias de vida dos corpos deficientes

Constatamos, com a investigação realizada junto ao Centro Interdisciplinar de Atenção ao Deficiente (Ciad) da Pontifícia Universidade Católica de Campinas, após a aplicação da metodologia de História Oral, que a deficiência predeterminada por um conceito biológico não precisa provocar a exclusão social. Quando ela ocorre é porque a sociedade e ou o sujeito em situação de excepcionalidade, provavelmente, não sabem lidar com a diferença.

Do que falamos até aqui deriva a tese de que o ser humano é um corpo que oferece todas as possibilidades, mesmo que ele se apresente fragilizado. Esse corpo tem poder, e esse poder emerge da auto-organização do ser humano na interação com o meio ambiente, à medida que se apropria, como corpo, desse poder, e se coloca em busca dos seus direitos e deveres. O que podemos antecipar, pelos relatos, é que as pessoas consideradas deficientes estão dispostas a enfrentar as dificuldades oriundas de uma sociedade que se organiza considerando em menor escala suas necessidades. A questão, aparentemente, é da própria sociedade que pouco as aceita.

Selecionamos alguns relatos que falam por si mesmos.

Há muitos dados disponibilizados nas entrevistas que auxiliam na construção do entendimento sobre algumas categorias, selecionadas como significativas, para este espaço.

A primeira é a ideia de *identidade pessoal do sujeito*. Como ele se vê, como ele vê que os outros o veem e, especialmente, qual a contribuição da família, amigos ou pessoas com as quais convive, para a construção de sua identidade pessoal.

A segunda categoria discute a questão da *vida cotidiana*, a maneira como vem ele lidando com sua rotina diária, sua organização pessoal. A terceira é qual a *importância da religião/religiosidade, na sua vida*, e de que forma a questão do fenômeno religioso se manifesta nele. Por último, foi preocupação na análise dos relatos as *formas como os sujeitos se percebem inseridos na sociedade*. Se desenvolvem formas regulares de trabalho, se se sentem aceitos pelos seus pares; se estudam e quais os impedimentos para que sua integração social ocorra de maneira mais adequada.

Vejamos, então, parte destes relatos, transcritos na íntegra:

Sujeito 1 – Deficiente visual

A gente que tem a deficiência visual, tem uma imagem de corpo. Vamos supor o corpo humano, eu imagino corpo humano pelas coisas que eu já senti. Eu imagino pelo meu corpo, pois eu sinto o meu corpo. O meu corpo, se eu fizer uma imagem dele na minha cabeça, vou ter a ideia dele. O corpo das outras pessoas eu imagino mais ou menos, mas não é uma imaginação que vá acertar em cheio, como seria. Cada um tem a sua crença. Religiões existem várias, porque cada ser humano se encaixa num parâmetro, concorda ou não com a maneira que se expõe os fatos. Religião cada um tem a sua. É uma coisa que a gente tem que saber entender porque o outro segue aquela e eu sigo a minha. Religião são formas, que são elaboradas para que o homem tente viver melhor dentro da sociedade, às vezes ele está em conflito e vai lá na religião procurar alguma coisa e às vezes ele encontra. Eu acho que sou uma pessoa muito forte, você se gaba, a gente que é deficiente, aqueles que estão inseridos na sociedade e que têm a consciência de que o mundo não está adaptado e você tem que mudar, isto vai te deixando uma pessoa muito fortalecida, você vai aprendendo a receber, não? Assim, você tá indo, eu sou uma pessoa que o que mais uso na minha vida, é eu vou, eu tô indo, eu vou fazer; eu não falo, eu não vou, acho que não vai dar; eu falo, se não der, depois, se não acontecer, mas eu fui. Quando eu quero uma coisa, mesmo que tenha que errar, eu faço, vou lá; ao mesmo tempo, eu sou uma pessoa sensível, muitas coisas que os outros falam me magoam, a maioria. Ao mesmo tempo que eu sou forte, tem um lado feio; é que as pessoas nem sempre têm os mesmos conceitos que os meus, é por isso que eu não falo. Em relação ao que estou fazendo agora, estou indo na faculdade e lá você encontra muitas barreiras, mas aí entra aquele lado meu que falei, eu vou ultrapassando e vou superando. Eu diria: a barreira do social, a barreira do preconceito, essas barreiras para mim não são barreiras, eu consigo superar, a chave do problema está na minha mão. Se eu quiser superar algumas barreiras sociais eu supero. Agora, as barreiras piores são estas mesmo que você falou, arquitetônicas, barreiras de estrutura de você querer ler um livro e não ter este livro em Braille, de você querer sei lá, fazer certas coisas que não tenham instrumentos adaptados; as piores barreiras que eu encontro na faculdade, ou mesmo em outros lugares, são estas, barreiras das adaptações que não são feitas. Eu estou com um trabalho de palestra, que estou fazendo, para expor para as pessoas o que é um deficiente visual e não o que é cada deficiente visual, porque as pessoas quando eu falo, eu vou falar sobre deficiente visual, elas tomam aquilo como se todos no mundo fossem que nem eu, e por isso que eu falo este cada, o que é cada deficiente visual eu não consigo explicar pois são milhões no mundo e cada um é cada. Eu faço uma abordagem do que seria deficiência visual e como eu poderia estar ajudando estas pessoas a lidar melhor com o deficiente visual. Minha palestra tem esse enfoque. Eu acho que quem convive comigo e mesmo quando vou a lugares que não conheço, eu acho que a sociedade me recebe bem, porque eu me recebi bem, recebi bem no sentido de me aceitar como eu sou, e eu não estou nem aí; se tem um que não me aceita eu vou no grupo dos dez que me aceitam e devagarinho vou tentar fazer com que aquele um me aceite. Eu não sei se eu sou muito extrovertida, mas na maioria dos lugares que eu vou eu demoro 1 ou 2 dias para me familiarizar com aquele ambiente, dali a uns 5 ou 6 dias está todo mundo me tratando normal.

Sujeito 2 – Deficiente físico

Corpo é só matéria, eu acho. Então, pode ser bem feito, pode ter algum defeito, algum problema, como é o meu caso, onde eu tenho uma deficiência, mas eu acho que é bonito, mesmo assim eu gosto do meu corpo. Então corpo é só matéria que junto vem a alma, o espírito, mas o corpo é matéria. Igreja, cada um tem a sua dentro do seu próprio coração. Religião é uma palavra muito ampla. O que é religião? A minha é católica, eu fui criada nela, mas eu não sou católica. Eu sou mais espírita do que católica. Mas é uma coisa sua, de cada um, você que tem que fazer a sua, de entender, chegar em Deus e daí soltar a sua própria religião. Fazer a sua própria Igreja dentro de você. Não precisa ir no templo. Qualquer um é uma Igreja, seja de que religião for. Mas a Igreja para mim hoje, mas não faz muito tempo que eu penso assim, são várias pessoas, muitas pessoas reunidas com o mesmo intuito, de fazer coisas boas, de rezar em comunidade. Porque Jesus disse: onde tiver dois ou mais falando em meu nome, eu estarei lá! Então, a Igreja para mim é isto, todo mundo reunido tentando chegar em Deus. Ainda ontem eu estava falando sobre isto, num churrasco que eu fui da firma que eu trabalho. Nós estávamos conversando que eu já vou fazer 47 anos. É a metade de um século, certo? E aí todo mundo diz: mas você não parece que tem esta idade, se você disser que tem 35 está dizendo muito ainda. Mas eu acho que eu sou uma pessoa alegre: o que se traz dentro, reflete na sua fisionomia. Então, tem muitas pessoas que são muito mais novas que eu, mas são carrancudas, estão sempre de mau humor, não estão de bem com a vida, estão infelizes por qualquer problema. Eu sei lá quais são, a gente nunca sabe de tudo e isto impede, talvez, que a pessoa transmita isto, bote isto para fora e eu não sou assim. Eu também estou com muitos problemas, ultimamente estou muito estressada, mas mesmo assim consigo dar muita risada. A vida é assim. Então eu acho que você tem que aceitar muita coisa que Deus te mandou e fazer disto algo sublime e aí você consegue ser mais feliz. Olha, eu acho que a sociedade recebe bem, sim. No geral eu não me lembro de nenhum caso específico de discriminação. Eu já devo ter tido, algum lugar em que eu fui e alguém me olhou meio estranho. Quem me olha ainda, algumas vezes, são sempre algumas crianças pequenas. É que eu acho que não entendem direito, mas não é uma coisa que eu vejo todo dia, toda semana, às vezes eu noto uma criança. Normalmente elas me recebem bem também.

Sujeito 3 – Deficiente físico

Corpo para mim é um instrumento, que não importa se é torto ou se algum membro não funciona, o que importa é que dá para nós realizarmos nossas atividades de vida diária; algumas vezes com ajuda de alguém. Isto é corpo para mim. Religião para mim é nós termos fé, não importa em que religião, mas ter fé. Fé em Deus, para Deus nos ajudar. Fé em que estamos fazendo e no que nós iremos fazer. Se nós não temos fé, nossas coisas se tornam mais difíceis, nossos pensamentos, porque para nós deficientes, nós temos que lutar mais do que os normais para vencer nossa deficiência. Eu sonho muito, eu sou uma eterna sonhadora! Às vezes minha mãe fala: nós temos que ter sonhos altos, mas você sonha muito, sonha mais do que vive! Mas meu objetivo é ter uma faculdade e constituir uma família. Eu me adoro, eu me acho maravilhosa. Eu não estou querendo dar uma de boa não, mas eu acho que é muito importante primeiro nos acharmos bonita, tudo isso. Eu estou no 2º Magistério, numa escola regular de ensino. É uma escola estadual, onde ainda não existe rampa, mas tem uma classe só embaixo, que a diretora está deixando ser o 2º Magistério. Mas eu estou tentando fazer com que estas condições melhorem, para existir mais deficientes na escola. A sociedade tem evoluído muito, como eu já disse. Mas eu acho que ainda poderia melhorar um pouco mais. Em aspecto de informação. É que às vezes eles não sabem que existem [...] para eles nós somos diferentes. Não, não é só isso. Eu sei que eles não têm obrigação de saber, mas para entendimento deles seria bom. Mas deixe-me frisar outra coisa: nós devemos nos adaptar à sociedade também.

Sujeito 4 – Deficiente visual

Corpo é o lugar onde se manifestam todas as sensações e emoções que a gente tem; elas se manifestam no corpo, como resposta ao ambiente nosso. E também o corpo nos dirige no sentido de como a gente responder a esse ambiente. É a forma concreta que a gente tem, para responder ao ambiente externo. Religião é uma crença que orienta, em última análise, o sentido da vida. Acho que a gente tem uma série de opiniões, posicionamentos, conhecimentos, mas acho que tudo isso se une ou termina num sentido último que seria o próprio Deus. Está nele a origem e o fim das coisas. Acho que a religião é superimportante, pois é o sentido último na nossa vida; é aquilo para que a gente vive e mais, é aquilo que dá a beleza na nossa vida. É bom pensar que tudo que é bonito e tudo que é superior está concentrado nesse Deus. Essa religião se manifesta através da Igreja, que consegue transmitir os conhecimentos de forma mais sistemática. Doutrina de forma mais sistemática para ver como viver e como apreender esses conceitos religiosos. Não sei como dizer. Acho que eu sempre procuro questionar as coisas, sempre ter um olhar crítico frente às coisas. Procuro sempre conhecer a realidade, o máximo possível. Sempre estou atenta a acumular conhecimentos, para relacionar as coisas que eu conheço com as coisas novas. Sempre estou tentando integrar tudo que existe, ver a beleza de tudo isso. Eu procuro estudar, adquirir conhecimento das duas fontes que eu tenho, das duas faculdades que eu tenho, além do que eu procuro me relacionar com as pessoas, aprender com as pessoas, saber ser afetiva com as pessoas. Procuro ter um bom relacionamento com a minha família. E procuro também passar para a sociedade essa noção da deficiência como algo que pode ser perfeitamente integrado com mais uma das diferenças individuais existentes entre as pessoas. Eu acho que é assim, às vezes a gente tem uma posição meio generalista, que recebe o deficiente de tal forma. Eu acho que cada deficiente é recebido de acordo com a história de vida dele. Por isso é bem esse método que você está usando, da história de vida individual de cada um. Então eu acho que a sociedade me recebe de acordo com o que eu mostro para ela, de acordo com o que eu consigo fazer. Eu não acho impossível futuramente que eu trabalhe numa clínica, pois eu vou ter as mesmas competências profissionais daquele que não seja deficiente. Agora pode até ser que uma pessoa não deficiente não tenha essas mesmas competências profissionais e não possa trabalhar numa clínica.

Assim como pode ter uma pessoa deficiente que não tenha essas competências e que não possa trabalhar. Embora hoje em dia a oportunidade de trabalho não está muito relacionada com a competência do indivíduo! É, realmente, não tem nada a ver com a deficiência, está relacionado com a história de vida dele, em que tudo isso está integrado, a deficiência, a concepção que ele tem de deficiência, a concepção que a família dele passou de deficiência. Outra coisa importante que você também falou, é que muitas vezes o emprego não vai estar relacionado à competência. Isto é complicado. Outro dia eu estava conversando sobre o assunto com o sujeito 1. A gente tem que ir muito preparada, se for trabalhar numa empresa, por exemplo, na área da psicologia organizacional, no meu caso. A gente tem que mostrar para aquela pessoa que vai nos empregar que a gente tem todos os recursos para atender às expectativas dessa pessoa. Então a gente já tem que ir com computador, com as formas de adaptação prontas para mostrar que a gente é capaz de fazer isso conforme as expectativas da empresa. Se a empresa sentir que ela tem que fazer muitas coisas, muitas mudanças, com certeza ela vai preferir empregar outra pessoa com a mesma competência e sem deficiência.

Considerações finais

Já ultrapassamos os degraus da história, nos quais a sociedade não possuía uma organização formal e, portanto, não tinha condições de atender a esses corpos, como no período da sociedade primitiva; já não estamos mais no período em que a Educação Física era praticada para gerar corpos fortes para a defesa da pátria, como nas sociedades gregas, na Antiguidade; já não pensamos mais no corpo somente como fonte de pecado, como na Idade Média, e então não precisamos mais esconder os corpos deficientes; já passamos do sistema feudal de produção para o sistema de capital e isto modifica nossa relação com o corpo. Estamos no século XXI, evoluímos tanto em tecnologia, conseguimos até nos comunicar virtualmente, então por que engatinhamos em direção ao exercício da prática social de aceitação dos corpos diferentes?

A pior deficiência é a deficiência da alienação, do silêncio, que leva os membros de uma sociedade que têm olhos, ouvidos, cérebro em perfeitas condições, enfim corpos biologicamente perfeitos, a não verem, a não ouvirem, a não entenderem e nem pensarem nas necessidades dos seres humanos. Estes, que nasceram ou se tornaram diferentes em sua estrutura corporal, são igualmente capazes e gritam por liberdade moral e social. Eles querem mostrar-se, realizar todas as atividades possíveis e imagináveis, querem amar e ser amados, enfim querem viver, pois não estamos mais no período histórico no qual a organização priorizava a sobrevivência humana e esta dependia única e exclusivamente do poder do homem em lutar contra os seus predadores.

Podemos organizar uma vida mais justa do ponto de vista de aceitação de todos os tipos de corpos e onde a luta individual e ao mesmo tempo coletiva de cada corpo pode definir a sua colocação e atuação na sociedade, pois também ultrapassamos o período em que a superproteção era a única forma de atenção aos corpos considerados deficientes.

Quando chegamos a este ponto do trabalho, entendemos que a *vida* deve ser repensada, em todos os aspectos, inclusive no sentido de assumirmos a sua importância enquanto agentes construtores da sociedade e dos valores culturais que dimensionam a vida dos seres humanos.

Sobre esse assunto, Freire (1991), no seu discurso sobre o sensível e inteligível no corpo humano, enfoca a questão da motricidade, considerando-a manifestação viva da corporeidade, quando diz:

> Pela motricidade o homem se afirma no mundo, se realiza, dá vazão à vida. Pela motricidade ele dá registro de sua existência e cumpre sua condição fundamental de existência. A motricidade é o sistema vivo do mais complexo de todos os sistemas: o corpo humano. Pela corporeidade ele dá testemunho de sua condição material, de sua condição de corpo. É pela corporeidade que o homem diz que é de carne e osso. Ela é a testemunha carnal de nossa existência. A corporeidade integra tudo o que o ho-

mem é e pode manifestar nesse mundo: espírito, alma, sangue, ossos, nervos, cérebro, etc. A corporeidade é mais do que um homem só: é cada um e todos os outros. A motricidade é a manifestação viva dessa corporeidade, é o discurso da cultura humana. Enfim, o desenvolvimento da motricidade cumpre um desígnio fundamental: viver. Quem me dera morrer de tanto viver! (p. 63).

Assim, às vezes, somos corpos deficientes na nossa construção biológica, porém capazes na nossa corporeidade, realizando movimentos diversos e intencionais, explorando nossa motricidade em diversas atividades, conscientes da existência social e cultural do ser humano, e eficientes em diversas tarefas para as quais a vida social organizada nos fornece espaço para participar, como o trabalho, a escola, o lazer e outros.

Lutamos pela valorização do ser humano, pela busca de um novo tempo, na perspectiva de atingir utopias, acreditando nas potencialidades e aceitando o outro como ele é, observando que pela motricidade, que é a manifestação viva da corporeidade, o ser humano pode até alcançar outros mundos; então, por que não haveria de se adaptar e sobreviver junto aos corpos deficientes?

Vários casos, além das histórias de vida dos sujeitos pesquisados, nos ajudam a comprovar afirmativamente a indagação acima.

A sociedade precisa aprender a conviver com as diferenças a partir da vivência da corporeidade, considerando cada pessoa na sua especificidade.

Buscando a literatura pertinente à valorização social do ser humano, nos deparamos com Sassaki (1997) incentivando à prática da "inclusão", como uma metodologia para modificar os sistemas sociais gerais e construir uma sociedade onde caibam todos, sob a inspiração de novos princípios, tais como: celebração das diferenças, direito de pertencer, valorização da diversidade humana, solidariedade humanitária, igual importância das minorias, cidadania com qualidade de vida.

O autor nos esclarece que a "inclusão", como uma prática social, é conceito utilizado após as sociedades atravessarem diversas fases, classificadas por ele como: exclusão social, atendimento segregado e integração social:

> Conceitua-se a inclusão social como o processo pelo qual a sociedade se adapta para poder incluir, em seus sistemas sociais gerais, pessoas com necessidades especiais, e, simultaneamente, estas se preparam para assumir seus papéis na sociedade [...] (p. 41).

Afirmamos, a partir deste estudo, que a valorização dos corpos considerados deficientes não está centralizada na integração, como a simples ocupação do mesmo espaço físico, mas é gerada a partir da aceitação do ser humano, para além dos padrões de corpo fisicamente estabelecidos pelas sociedades.

Para tanto, este texto aponta alguns caminhos. Há quatro caminhos aos quais todos precisamos nos render: são os quatro relatos dos sujeitos cujas falas cortam o ar como se fossem raios luminosos dizendo que as formas de inclusão desejadas são todas aquelas que incluem respeito, afeto e dignidade.

Bibliografia

DUARTE JR., J.F. *O que é realidade*. 6. ed. São Paulo: Brasiliense, 1989 [Coleção Primeiros Passos].

FONSECA, V. *Educação Especial: programa de estimulação precoce*. Lisboa: Notícias, 1989.

GAIO, R.C. *Para além do corpo deficiente* – Histórias de vida. Piracicaba: Unimep, 1999 [Tese de doutorado em Educação].

GONÇALVES, M.A. *Sentir, pensar, agir* – Corporeidade e educação. Campinas: Papirus, 1994.

GUHUR, M.L.P. *Representação da deficiência mental:* esboço de uma abordagem histórica. Piracicaba: Unimep, 1992 [Dissertação de mestrado em Educação].

KIRK, S.A. & GALLAGHER, J.J. *Educação da criança Excepcional*. 2. ed. São Paulo: Martins Fontes, 1991.

SASSAKI, R.K. *Inclusão* – Construindo uma sociedade para todos. Rio de Janeiro: WVA, 1997.

SILVA, O.M.S. *A epopéia ignorada:* a pessoa deficiente na história do mundo de ontem e de hoje. Cedas, 1987 [s.l.].

Diálogo com a educação física

Mari Gândara*

Atualmente, os investimentos feitos na produção do conhecimento sobre as questões relacionadas às deficiências e na divulgação da Educação Física Especial podem ser considerados insignificantes para o possível fortalecimento e atendimento da área. As publicações que tratam dessa temática, que, apesar de poucas, são de boa qualidade, tornam-se significativas, quando se observa o universo de pessoas portadoras de deficiência em nossa sociedade (aproximadamente 10% da população segundo a Organização Mundial da Saúde), principalmente quando se destaca que existe uma grande busca sobre as informações de como poderia e deveria se desenvolver o atendimento a essas pessoas.

---

* Doutora em Psicologia pela PUC-Campinas; coordenadora do Curso de Educação Física da Faculdade de Americana; idealizadora do Centro Interdisciplinar de Atenção ao Deficiente, da PUC-Campinas; autora dos livros: *Coreografando o cotidiano* – A expressão corporal do deficiente visual e Atividades rítmicas para crianças; participa de vários congressos científicos nacionais e internacionais.

Considero, portanto, que fica hoje evidente a necessidade da elaboração do conhecimento específico sobre essa temática, bem como a necessidade de que a comunidade possa ter acesso a ele, visando o melhor atendimento ao portador de deficiência. Assim, entendo que a Educação Física, que sempre se preocupou, quase que unicamente, com concepções do "corpo modelo" (que, segundo Freire (1991) e Medina (1991), é o corpo definido acatando as tendências das exigências aceitas e descritas pela sociedade e moda atual) no atendimento da sua clientela, deve voltar-se agora a um outro tipo de concepção, que visa desenvolver o processo educacional com alunos diferentes.

Tais pessoas, que ainda hoje são discriminadas tanto dentro dos estabelecimentos escolares, como em diversos segmentos da sociedade onde são percebidas como incapazes, não contando com estímulos ou programas adaptados que lhes permitam, efetivamente, crescerem ou perceberem-se como eficientes, merecem receber do profissional de Educação Física um atendimento qualificado.

Considero que, com a inclusão da Educação Física Especial nos cursos de graduação em Educação Física, houve uma mudança de visão frente à deficiência. Saiu-se da visão exclusivamente clínica para uma mais pedagógica, sociointeracionista, e uma maior compreensão das características desses alunos.

Contudo, tenho a impressão de que, para que se altere eficazmente as condições dessa situação, seja necessário avaliar-se efetivamente a formação que é oferecida pelos cursos superiores ao profissional de Educação Física.

Tenho verificado que a indagação sobre como formar professores competentes, socialmente comprometidos e sobretudo como conceber a formação básica desse professor tem sido o foco de estudos e reflexões de alguns profissionais nessa área. Existem diferentes trabalhos, no nível nacional, que buscaram nos últimos anos discutir questões relacionadas à formação do profissional de Educação Física. É possível citar-se alguns: Tani (1979), Oliveira (1993) e Tojal (1995).

Esses autores, ao realizarem seus estudos, identificaram que o que se tem desenvolvido em algumas faculdades é a formação esportivista aliada à busca de capacitação voltada para o rendimento principalmente, evidenciando a necessidade do saber fazer para efetivamente saber ensinar.

Observa-se que no mundo acadêmico a Educação Física está distante do reconhecimento da sua identidade, principalmente dos conceitos que podem determinar e caracterizar o profissional da área. Além do corpo, a corporeidade; além do motor, a motricidade, porém os problemas que norteiam a relação entre teoria e prática persistem. Assim, o objetivo desta pesquisa foi identificar algumas características de modelos curriculares existentes, na tentativa de estabelecer qual o conjunto de conhecimentos que vem se formando nessa área de estudos ao longo do tempo, definidos pelas teorias, pesquisas e práticas pedagógicas, e relacioná-lo com as necessidades e possibilidades de atendimento de pessoas portadoras de deficiência.

Após a reforma do ensino superior, que conduziu à massificação do ensino, no período pós-68, com a criação de cursos em diversas áreas, a Lei 5.692/72 que estabeleceu a implantação da Educação Física como disciplina curricular no sistema universitário brasileiro veio colaborar com o crescimento do número de Escolas de Educação Física no país, pois proporcionou mais um tipo de mercado de trabalho.

Diversos cursos de licenciatura optaram por preparar o professor generalista, e no elenco das disciplinas que os compõem verifica-se grande ênfase aos conteúdos de modalidades esportivas onde o aluno é avaliado pelo seu desempenho atlético ou pelo seu rendimento físico, incoerente, portanto, com as propostas voltadas para o objetivo de lecionarem em escolas. Ocorre que esse profissional generalista acaba acreditando nas possibilidades de que o corpo de conhecimento a que foi submetido fornece-lhe competência e aptidão para trabalhar com atividades relacionadas a saúde, gerenciamento de esportes e recreação, treinamentos atléticos, programas de Educação Física, oferecimento de atividades para idosos, Educação Física para pessoas portadoras de deficiência, elaboração de composições coreográficas etc.

Essa situação, encontrada na Educação Física brasileira e evidenciada nos estudos dos pesquisadores anteriormente já citados, necessita ser verificada nos cursos escolhidos como objeto de análise neste estudo.

As escolas de Educação Física durante muito tempo não se mostraram preocupadas com questões de ocupação de mercado de trabalho, contudo, desenvolvem continuamente reformas curriculares, estabelecendo como princípio norteador um perfil de profissional que atenda aos anseios da sociedade, apesar de nunca terem realizado tal levantamento.

Somente em 1987 é que foi aprovado pelo Conselho Federal de Educação o Currículo Mínimo que estabeleceu a formação do licenciado e/ou bacharel em Educação Física, na tentativa de possibilitar nessa área a formação de profissionais com qualificação mais específica a cada necessidade e de acordo com estudos feitos junto à comunidade.

Dessa forma, enfatizo que a motivação para este estudo funda-se na preocupação pela formação deste profissional, no momento em que se volta para atuar junto às pessoas portadoras de deficiências. Com essa motivação toda é que realizei esta pesquisa, pois nela está envolvida a delicada questão da relação teoria/prática, que permeia a formação do profissional de Educação Física.

Buscando historiar um pouco a questão do envolvimento com a problemática de formação dos profissionais de Educação Física, foi possível identificar que, a partir de 1990, ocasião em que apresentei à PUC-Campinas o projeto de criação do Ciad – Centro Interdisciplinar de Atenção ao Deficiente –, um centro de extensão universitária com o objetivo de integrar pessoas portadoras de deficiência à sociedade, passei a considerar a questão. Ao falar desse centro, não pretendo que o mesmo seja um modelo social com a finalidade de eliminar falsos conceitos, contudo acredito que nele, ou através dele, efetivamente seja possível que uma gama muito grande de profissionais de diferentes áreas possam atuar como agentes de transformação e superação de limites e problemas. A partir da sua implantação em 1991 é que, efetivamente, algumas questões puderam ser discutidas.

Quando iniciei as atividades de atuação junto às pessoas portadoras de deficiência visual em 1985, preocupava-me em como transmitir expressões corporais, que pudessem vir a facilitar a comunicação desses indivíduos em suas atividades cotidianas e relações pessoais.

Assim, uma pesquisa com essa preocupação resultou na elaboração da dissertação de mestrado, intitulada *Coreografando o cotidiano:* a expressão corporal do Deficiente Visual (Gândara, 1992), defendida na Universidade Metodista de Piracicaba. Considero portanto, que o caminho percorrido ao longo desses anos, a criação do Centro Interdisciplinar de Atenção ao Deficiente (Ciad), o contato com outros pesquisadores com diferentes ideias, a busca pelo conhecimento no estudo de outras deficiências, a demanda do Ciad, a inclusão da disciplina Educação Física Adaptada nos currículos da Educação Física, o despreparo dos profissionais e sobretudo a carência de pesquisas nesta área, foram alguns dos motivos que levaram-me à escolha do tema abordado no presente estudo.

Não bastassem esses fatores motivantes, atualmente como coordenadora do curso de Educação Física da FAM – Faculdade de Americana, sinto-me ainda mais compromissada em buscar respostas para esses problemas.

Sabe-se que o atendimento às pessoas portadoras de deficiência, bem como a prática da Educação Física nesta área, encontram ainda muitos obstáculos para um desempenho efetivo.

De maneira geral, pode-se considerar um avanço o destaque e a percepção da pessoa portadora de deficiência dentro da programação curricular de Educação Física. No entanto, deve-se ficar atento ao problema da investigação e pesquisa sobre essa questão, e de como deve ser norteado o conteúdo programático e metodológico, pois a inserção, a integração da pessoa portadora de deficiência na sociedade exige dessa pessoa, antes de tudo, características emocionais tais como uma alta estima e valorização pessoal (DUPRET, 1997).

O interesse pelo desenvolvimento da produção científica evidencia-se, portanto, desde a implantação do Ciad, uma vez que este Centro possibilitou oportunidades de organização de equipes interdisciplinares de pesquisadores atuando conjuntamente e trocando informações sobre metodologia da investigação e atendimento sobre essa questão. O Ciad, visto como Extensão Universitária, inclui como temática prioritária de estudos a busca da mudança social necessária para eliminar falsos conceitos e edificar uma sociedade que favoreça também as pessoas portadoras de deficiência através de sua intervenção.

Esse centro despertou, no âmbito acadêmico, o interesse pelo desenvolvimento de projetos e programas que viessem a atender as especificidades dessa clientela, permitindo o oferecimento de condições para que esses indivíduos pudessem se perceber como indivíduos completos e capazes de interagir intencionalmente com o meio.

Durante o período em que atuei como coordenadora desse Centro, foi possível constatar que tanto estagiários como profissionais da área de Educação Física encontravam dificuldades para atuar junto ao aluno deficiente. Essas dificuldades observadas eram de ordem tanto prática quanto teórica, pois, mesmo nos momentos de serem propostas saídas para as questões emergentes na atuação do dia-a-dia, percebia-se que não possuíam conhecimento necessário que oferecessem respostas para os problemas detectados.

Assim, foi possível supor tratar-se da falta de uma melhor qualificação da formação que lhes é oferecida durante a graduação.

A formação em Educação Física no Brasil

Ao se analisar a situação como é tratada a pessoa portadora de deficiência na sociedade brasileira, alguns pontos de observação e que merecem estudos sistematizados emergem e, assim, dentre tantos, o que mais preocupa é o atendimento que vem sendo oferecido a esse universo de indivíduos.

O atendimento à pessoa portadora de deficiência deve ser realizado por uma equipe multidisciplinar composta por psicólogos, médicos, fisioterapeutas, sociólogos, assistentes sociais, pedagogos e profissionais de Educação Física, entre outros (*Parâmetros Curriculares Nacionais*, 1997).

Visando, portanto, desenvolver o estudo sobre a participação do profissional de Educação Física na equipe multidisciplinar que vem atendendo a pessoa portadora de deficiência, é preciso inicialmente que se apresente como se dá a formação desse profissional no país.

Durante o seu desenvolvimento no Brasil, a Educação Física sofreu influências tanto dos militares como dos médicos higienistas (*Parâmetros Curriculares Nacionais*, op. cit.).

Com relação aos médicos, sua influência foi forte e sempre estiveram presentes em momentos históricos da Educação Física brasileira, principalmente quando adotou-se para as escolas pertencentes ao sistema de Educação Nacional, o *Regulamento n.* 7, ou seja, o Método Francês, como programa para a disciplina de Educação Física (BETTI, 1991).

Esse método importado foi criado com o intuito de preparar o Exército da França, formando homens viris, fortes e de moral elevada para a defesa daquele país em situação de guerra.

Observando essa peculiaridade, Castellani Filho (1988) afirma que:

> [...] a história da Educação Física no Brasil tem-se confundido em muitos de seus momentos mais importantes com a história dos militares. Se esse era um aspecto existente na Educação Física brasileira, no mesmo sentido, percebeu-se sempre a influência de um grupo de médicos higienistas que propunham uma série de atividades a serem desenvolvidas nas escolas do sistema Nacional de Educação, com o intuito de tornar a juventude mais sadia para que pudesse atuar na defesa e no desenvolvimento do país, através de um corpo perfeito (p. 34).

Na época, foi defendida uma tese na Faculdade de Medicina do Rio de Janeiro, de autoria de Cesar Cals de Oliveira, intitulada "Ginástica respiratória", que, em um de seus capítulos, "O prazer e o exercício", afirmava:

> O exercício para preencher por completo os fins higiênicos, na infância, deve ser recreativo e produzir alegria na criança. Para os centros nervosos desta é o prazer um excitante necessário (MARINHO, 1980: 154).

Neste contexto baseado em concepções militaristas e higienistas, a Educação Física foi implantada nas escolas públicas da época. Fundou-se a Escola Militar, no ano de 1907, com a introdução da Ginástica Alemã, tornando-se o embrião da Escola de

Educação Física da Força Policial do Estado de São Paulo, conforme afirma Machado (1994: 13).

Juntamente com esses episódios históricos, permaneceu como herança para a Educação Física brasileira a filosofia positivista que era própria das forças militares, que levou a que se utilizasse uma visão fragmentada e reducionista, levando a que a Educação Física fosse vista como responsável pela educação do físico, limitando assim sua ação e entendimento e, segundo Negrão (1993: 20), a possibilidade da interpretação que subordina o homem às leis e às condições naturais tornou-se uma camisa-de-força na sua aplicação e entendimento.

Pode-se destacar ainda que, nesse período, o que existia era uma "Educação do Físico", que se preocupava mais com a busca da eugenia do povo brasileiro. Nesse momento houve um afastamento da linha higienista, e a preocupação com o desenvolvimento do físico acabou por atender a necessidade econômica da época, que visava obter operários mais saudáveis, visando melhor produtividade.

A esse respeito, Castellani Filho (1988) comentava que a Educação Física brasileira tinha por necessidade e missão cuidar da preparação, manutenção e recuperação da força de trabalho do homem brasileiro, criando assim mão-de-obra fisicamente adestrada e capacitada.

Nessa época, portanto, a Educação Física viveu um momento de desvinculação com a preocupação humanista que deveria levar o bem-estar ao indivíduo, mas cedeu às pressões do capitalismo, para o qual o importante acaba sendo a produção (*Parâmetros Curriculares Nacionais*, op. cit.).

A questão da eugenia da raça brasileira fez-se sentir através do Decreto 21.241-27-b, e no item 10 das Portarias 13 e 16, de fevereiro de 1938, que estabeleciam a proibição de matrícula nos estabelecimentos de ensino secundário de alunos cujo estado patológico os impedissem permanentemente da freqüência às aulas de Educação Física (CANTARINO FILHO, 1988 apud CASTELLANI FILHO: 85). Procurando melhor entender o decreto, pode-se considerar que estavam proibidos de frequentar as aulas de Educação Física todos aqueles que não se encaixassem nos padrões de normalidade, como os diversos tipos de dificuldades físicas e portadores de moléstias.

Percebe-se, portanto, que a Educação Física na escola já repelia os indivíduos considerados fora do padrão de normalidade na época da Constituição de 1937.

Nesse período, contudo, já funcionavam alguns cursos de preparação de profissionais de Educação Física no país e, segundo Mezzadri (1994), pode-se destacar a existência da primeira escola a formar Monitores no Rio de Janeiro, em 1925, com a fundação da Escola da Marinha, que ministrava um curso com duração de dois anos. Ainda, em 1931, foi criada a Escola Superior de Educação Física do Estado de São Paulo.

Esse autor esclarece que em 1910 surgia o primeiro embrião da Escola de Educação Física da Força Pública de São Paulo, mas que somente foi criada em 1932, tendo sido reconhecida em 1936.

Em 1933, no Rio de Janeiro, como resultado do Centro Militar de Educação Física que fora fundado em 1922, surge a Escola de Educação Física do Exército, que segundo Betti (op. cit.) tinha como objetivo "a implantação e a difusão da Educação Física no Brasil".

Mezzadri (op. cit.) afirma que essas escolas citadas acima voltaram-se para a preparação de recursos humanos comprometidos, além da tendência eugênica, com a função de suprir a necessidade de profissionais para essa área devido a obrigatoriedade de inclusão da disciplina no ensino de 1º e 2º graus, através da Constituição de 1937. Assim, os conceitos desenvolvidos por esses cursos visavam a disciplina e o aprimoramento físico, com fins eugênicos, sanitaristas e econômicos. Segundo Faria Jr. (1987):

> visando atender a projetos governamentais, foram criadas outras escolas de preparação de profissionais de Educação Física, pois os recursos humanos formados pelas existentes tornaram-se insuficientes, principalmente pela importância que passou-se a dar à prática desportiva como parte do adestramento físico (p. 16).

Dentre as escolas criadas, pode-se destacar a Escola Nacional de Educação Física e Esportes, vinculada à Universidade do Brasil, que passou a representar o pioneirismo nessa formação, pois possibilitou a sua inclusão no mundo acadêmico e serviu para favorecer a possibilidade de reconhecimento da Educação Física enquanto disciplina acadêmica (MELLO, 1996: 188).

Em 1939, o Decreto-lei 1.212 estabeleceu a exigência da habilitação para o exercício profissional e regulamentou a profissão através da definição de carga horária mínima e elenco de disciplinas (BETTI, op. cit.).

Esse mesmo decreto-lei definiu a possibilidade de existência de alguns tipos de cursos e assim foram estabelecidas as áreas:

a) Superior de Educação Física, com duração de 3 anos;

b) Educação Física Infantil, com duração de 1 ano;

c) Técnicas desportivas, com duração de 1 ano;

d) Massagem, com duração de 1 ano; e

e) Medicina aplicada à Educação Física e aos Desportos, com duração de 1 ano.

À época, conferiu-se aos alunos que completaram as disciplinas de cada curso respectivamente o grau de licenciado em Educação Física, de normalista especializado em Educação Física, de Técnico Desportivo, de treinador e massagista desportivo e de médico especializado em Educação Física e Desportos (VERENGUER, 1996).

Nessa época, conforme Castellani Filho (op. cit.) a Educação Física brasileira parecia possuir os mesmos sentimentos que a nação Argentina sobre as condições da mulher, ou seja:

> A perfeição física de um povo por igual, de beleza e saúde do homem e da mulher, a sua perfeição moral e intelectual está na razão direta das que possuem um e outro sexo. O que é, pois, preciso, é ver na menina que desabrocha a mãe de amanhã: formar fisicamente a mulher de hoje é reformar a geração futura (p. 56).

Nessa mesma obra, Castellani Filho (op. cit.) apresenta o Decreto-lei 3.199 de 14/04/41 que, em seu artigo 54, estabelece:

> Às mulheres não se permitirá a prática de desportos incompatíveis com as condições da natureza, devendo para este efeito o Conselho Nacional de Desportos baixar as necessárias instruções às entidades desportivas do país (p. 61).

No período seguinte, a Educação Física brasileira foi desenvolvida através da utilização do Método Francês e da Calistenia (processo de aperfeiçoamento físico pela prática de ginástica), trazida pela Associação Cristã de Moços, que consistia na utilização de exercícios localizados desenvolvidos ao som de uma música, permitindo alguns movimentos balanceados e com deslocamentos (BETTI, 1991).

Segundo esse mesmo autor no início da década de 50, em um Curso de Férias, realizado na cidade de Santos, foi introduzido no Brasil o método Desportivo Generalizado, trazido pelo professor francês

Augusto Listelot, e assim, algumas escolas passaram a adotar esse método.

Em relação a essa prática, Betti (op. cit.: 97) diz que essa esportização se mostra claramente, através da utilização do método Desportivo Generalizado, pois "procura incorporar o conteúdo esportivo aos métodos da Educação Física".

Essa situação desenrolou-se durante alguns anos e segundo Verenguer (op. cit.), no final da década de 60 desenvolveu-se um processo de avaliação curricular, inclusive do Parecer 298/62, que converge para uma nova proposta, dando origem em 1969 ao Parecer 894/69. Esse Parecer depois de muito discutido, e que teve sempre à frente a Professora Maria Lenck, professora de natação e ex-campeã mundial e brasileira, na modalidade, serviu de base para a Resolução 69/69 (BETTI, op. cit.).

A Resolução 69/69 passou a fixar os mínimos de conteúdos e duração a serem observados na organização dos cursos de Educação Física.

Em seu artigo 2º foi definido o currículo mínimo do curso, constituído pelas seguintes disciplinas:

a) Matérias Básicas: Biologia, Anatomia, Fisiologia, Cinesiologia, Biometria e Higiene.

b) Matérias Profissionais: Socorros Urgentes, Ginástica Rítmica, Natação, Atletismo, Recreação e matérias pedagógicas de acordo com o Parecer 672/69.

Sobre essa estrutura curricular e sua característica, Silva (1993) afirmava:

> A formação pedagógica do professor de Educação Física e do Técnico Desportivo sempre foi colocada em plano secundário, prevalecendo os conteúdos das disciplinas de Técnicas Desportivas e corporais, além do suporte biomédico, não passando as disciplinas pedagógicas de simples apêndice do currículo (p. 67).

Assim, é possível perceber-se que apesar de tratar-se de um curso de Licenciatura, nem mesmo a parte do conhecimento pedagógico era suficientemente estudada e novamente Silva (1993) apresentava suas considerações de forma inequívoca:

> O currículo mínimo em vigor, para licenciatura plena em Educação Física, foi formulado, conforme afirmação do parecer que o gerou, com nítida preocupação de solucionar o problema do técnico desportivo existente no Brasil (p. 71).

Portanto, a função principal esperada do profissional ali formado era de que passasse a atuar como Técnico Desportivo.

Segundo Tojal (1995) nessa época, no Brasil, deu-se a reforma do Ensino Superior, que conduziu à massificação do ensino, com a criação de cursos em diversas áreas e a Universidade inverteu seu sentido e finalidade.

Continuando, afirma que essa proliferação deu-se no período pós-68, e o crescimento desordenado passou a oferecer a oportunidade de se encarar a educação como um fenômeno quantitativo, que deveria ser resolvido com máximo rendimento e mínima inversão (TOJAL, op. cit.: 15).

Na área da Educação Física, ainda segundo Tojal, "essas medidas ocasionaram problemas complexos que redundaram em um maior rebaixamento da qualidade do ensino" (p. 16).

Complementando a ideia, Tojal (op. cit.: 88) cita que além do rebaixamento da qualidade do ensino oferecido, outras situações foram evidenciadas, tais como:

> [...] historicamente, se os docentes da área já não apresentavam tradições acadêmicas, sendo mesmo formados em instituições com ideologia militarizada, visão europeia dominante, preocupando-se unicamente em transferir uma formação baseada em metodologias apropriadas para treinamento, agora, com a reforma e aumento da qualidade, passaram a se preocupar com a verificação da performance de seus alunos (p. 88).

Esse autor conclui esse trabalho com a seguinte expectativa:

> A ocorrência de abertura de cursos de graduação em bacharelados desenvolvidos de maneira séria e compromissada, em diversas especialidades dentro do campo de conhecimento da Educação Física e Desportos, poderá ga-

rantir a Formação de Profissionais com perfis diferenciados em cada habilitação (p. 42).

A nova discussão sobre a reestruturação dos cursos de Educação Física, sintetizada no Parecer 215/87, teve sua motivação na constatação de que o currículo anterior, estabelecido pela Resolução 69/69, não respondia mais pelas exigências requeridas no desempenho profissional.

O Parecer 215/87, elaborado pelo Conselheiro Mario Costa Rodrigues, como relator do processo, possibilitou a alteração da legislação sobre a formação do profissional de Educação Física, e deu origem à Resolução CFE 03/87 de 16 de junho de 1987, que fixou os mínimos de conteúdo e duração a serem observados nos cursos de graduação em Educação Física, definindo ainda o oferecimento do Bacharelado e/ou Licenciatura plena.

Após esse novo momento de discussão e estruturação legal por que passou a Educação Física brasileira, era preciso que algumas questões que ainda restavam fossem resolvidas. A partir desse episódio, a categoria de docentes do ensino superior e pesquisadores tem buscado saídas para a crise de identidade que essa área se defronta.

Visando encontrar seu pleno desenvolvimento enquanto nova área de conhecimento, a Educação Física brasileira, como área de formação acadêmica, tem passado por constantes reformulações e desafios. Além de seu caráter técnico, apresenta um caráter filosófico científico com importantes interfaces com outras áreas do conhecimento que pode lhe possibilitar uma situação quase irreversível de ser considerada uma ciência. Com certeza, é uma profissão voltada para o desenvolvimento das pessoas e sempre na busca de atender suas necessidades e potencialidades, entende-se, portanto, que tenha um significado importante enquanto disciplina acadêmica.

Entende-se que habilitar o profissional deva significar capacitá-lo para um aprimoramento cada vez maior, a partir das necessidades emergentes da importante população que significa o seu mercado de atuação.

Educação Física Adaptada

Assim, o profissional que pretenda desenvolver uma atuação competente em Educação Física Adaptada não pode se distanciar da prática da interdisciplinaridade para envolver-se unicamente com o conhecimento mais aprofundado das especificidades que permeiam a relação Ensino Especial/Educação Física Adaptada, pois estará deixando de considerar a condição de que o indivíduo é, segundo o entendimento da motricidade humana, um ser formado pelas dimensões: corpo, alma, natureza e sociedade, portanto um ser integral.

Dirige-se pois atenção para a formação dos professores de Educação Física envolvidos com a questão das pessoas portadoras de deficiência, acreditando-se que o papel do educador enquanto agente de transformações sociais requer uma prática que envolva uma ação reflexiva baseada na pesquisa, onde através de ações interdisciplinares seja possível efetivar propostas educacionais mais concretas e adequadas à Educação Física Adaptada. Esta pesquisa analisou o currículo de cinco cursos de graduação em Educação Física selecionados após a identificação através da maior concentração de cursos em regiões geopolíticas e vínculo institucional.

Os dados revelaram maior incidência de cursos na região sudeste onde também ocorreu a presença de cursos com todos os vínculos institucionais, predominando os cursos de vínculo particular. Por escolha equiprobabilística foram isolados os cinco cursos que participaram da pesquisa. A partir da escolha foi realizada uma análise documental dos seguintes elementos de cada curso a partir das fontes por eles apresentadas: carga horária total do curso, da disciplina Educação Física Adaptada, ementas, conteúdos programáticos e referências bibliográficas utilizadas.

Por essa análise desenvolvida concluiu-se que existe dispersão e variedade de conteúdos que tratam da questão da pessoa portadora de deficiência. Com relação ao tipo de aulas desenvolvidas constatou-se que as aulas teóricas equivalem a 70%, enquanto as aulas práticas equivalem a 30% do total de aulas, o que levou a concluir-se ser essa distribuição inadequada para o trato da temática. Constatou-se que 80% da bibliografia indicada nos programas referem-se ao conhecimento de conceitos das deficiências, o que não é capaz de sustentar a discussão do conteúdo apresentado.

A partir dessas conclusões foi possível propor que as disciplinas que tratam das questões sobre a pessoa portadora de deficiência devem buscar enfocar o indivíduo na sua plenitude operacional avançando no entendimento de normalidade nele existente e na sua capacitação de autossuperação e apresentação de rendimento.

Assim, passa-se a mencionar alguns pontos que considera-se sejam importantes para análise na organização da grade curricular dos cursos de formação de profissionais de Educação Física, principalmente na confecção dos programas das disciplinas que se destinem a tratar da temática sobre a pessoa portadora de deficiência.

I – As questões temáticas a serem abordadas não devem ser exclusivas de determinada área de atuação, mas principalmente tratadas como questões que apresentem como objeto de observação focal o indivíduo na integralidade dimensional, de corpo/alma/natureza/sociedade.

II – Quando se tratar de questões relacionadas à natureza e à sociedade é preciso que o indivíduo seja abordado nas suas igualdades, normalidades, desigualdades e anormalidades, sem que haja qualquer distinção ou desmembramento.

III – Na verdade a pessoa portadora de deficiência apresenta-se com limitação em seu desenvolvimento geral, mas no estudo do atendimento a lhe ser oferecido é preciso que ela seja enfocada na sua plenitude operacional, e as questões específicas como o esporte, a dança, o trabalho, o rendimento sejam tratadas também de forma generalizada em cada disciplina.

IV – É preciso que, assim como para o desporto, também para a motricidade humana, a educação motora, a recreação e o lazer, sejam criados grupos de estudo, que avancem no entendimento da normalidade existente na pessoa portadora de deficiência e na sua capacidade de auto-superação e apresentação de rendimento.

V – O processo de veiculação da informação sobre essa temática será equacionado, quando se passar a observar que esses indivíduos estão aptos a desenvolver tarefas dentro de suas limitações, com a mais perfeita correção e rendimento.

Nesse contexto, pode-se considerar que o ponto mais importante é que esse profissional possua um conhecimento básico genérico muito bem sedimentado sobre as questões que envolvem o indivíduo, o meio em que ele vive, ou seja, a natureza e a sociedade e que consiga entender como esses elementos se envolvem na busca da sua estabilidade momentânea.

Se a formação profissional conseguir oferecer-lhe esses quesitos todos, a função principal de seu envolvimento no mercado de trabalho estará em grande parte resolvida, pois será ele capaz de realizar diagnósticos seguros sobre as necessidades emergenciais da sociedade, o que lhe dará pistas para seu envolvimento e sucesso.

Outro ponto, não menos importante, é que a sociedade através, tanto da universidade como dos centros de pesquisa e outros serviços, seja capaz de oferecer a esse profissional a complementação formativa especializada que lhe permita estar no mercado prestando atendimento competente aos vários segmentos da sociedade em seus anseios.

Pode-se concluir que as questões específicas e técnicas devam ser abordadas na graduação de forma clara, didática, científica e esclarecedora, contudo, não necessariamente de forma especializada que leve o profissional a uma terminalidade formativa profissional; o importante é que esta formação lhe permita entender que após o diagnóstico é preciso muito estudo e perseverança na busca e apreensão do conhecimento desejado.

Bibliografia

BETTI, M. *Educação Física e sociedade*. São Paulo: Movimento, 1991.

CASTELLANI FILHO, L. *Educação Física no Brasil:* a história que não se conta. Campinas: Papirus, 1988.

DUPRET, L. *Revista Espaço:* Informativo técnico-científico do Ines, vol. 7. Jan.-jun./1997. Rio de Janeiro: Ines, 1997.

FARIA JR., A.G. Professor de Educação Física, licenciado generalista. In: OLIVEIRA, M. (org.). *Fundamentos pedagógicos da Educação Física*. Rio de Janeiro: Ao Livro Técnico, 1987.

FREIRE, J.B. *De corpo e alma:* o discurso da motricidade. São Paulo: Summus, 1991.

GÂNDARA, M. *A expressão corporal do deficiente visual*. Indesp/MEC, 1993 [s.n.t.].

_____ *Educação Física adaptada na formação profissional*. Campinas: PUC, 1998 [Tese de doutorado].

MACHADO, A.M. *Crianças de classe especial:* efeitos do encontro da saúde com educação. São Paulo: Casa do Psicólogo, 1994.

MARINHO, I.P. *Paladino da Educação Física no Brasil*. Brasília: Horizonte, 1980.

MEDINA, J.P.A. *Educação Física cuida do corpo... e mente*. 14. ed. Campinas: Papirus, 1991.

MELLO, U.A. Uma possível história. *Revista Brasileira de Ciências do Esporte*, vol. 17. 1996. Florianópolis: CBCE.

MEZZADRI, F.M. *A Educação Física no Brasil:* História, função, análise da proposta curricular. Campinas: Grupo de Estudo História do Esporte, Lazer e Educação Física do DEF/FEF/Unicamp, 1994.

NEGRÃO, R.F. A Educação Física e o positivismo. *Discorpo*, 03, 1993. São Paulo: PUC/Depart. de Educação Física e Desportos.

OLIVEIRA, A.A.B. *Análise crítica do currículo das disciplinas práticas do curso de Educação Física da Universidade Estadual de Maringá*. Maringá: UFSM, 1993 [Dissertação de mestrado].

SILVA, S.B. *Análise das relações existentes na legislação que orienta a formação profissional dos especialistas em Educação Física e Desportos e os planos nas áreas educacional e desportiva no Brasil.* São Paulo: USP/ Escola de Educação Física, 1993 [Dissertação de Mestrado].

TANI, G. *Undo Kodo no hisutemu Saibanetikus Apurachi (Comportamento motor humano: uma abordagem sistêmica).* Hiroshima: Hiroshima University, 1979 [Master thesis].

TOJAL. *Currículo de graduação em Educação Física* – A busca de um modelo. 2. ed. Campinas: Unicamp, 1995.

VERENGUER, R.C.G. *Preparação profissional em Educação Física:* das leis à implantação dos currículos. Campinas: FEF/MEC, 1996 [Dissertação de mestrado].

Diálogo com a saúde

Regina Simões*
Luciane Lopes**

Os especialistas da área da Saúde afirmam que o Diabetes mellitus (DM), tanto do Tipo 1 como do Tipo 2, é um dos mais graves problemas de saúde deste milênio, quer como causa de doença crônica quer como causa de morte. Dados estatísticos confiáveis confirmam as afirmações anteriores, pois nos advertem que quase 20% da população brasileira, em especial aquela que se encontra na chamada Terceira Idade, é portadora desta patologia (Sociedade Brasileira de Diabetes, 1999).

---

* Professora da graduação e pós-graduação em Educação Física da Universidade Metodista de Piracicaba; doutora em Educação Física pela Unicamp; autora do livro *Corporeidade e terceira idade – Marginalização do corpo idoso*; organizadora do livro *O fenômeno esportivo no início de um novo milênio*; orientadora de projetos de pesquisa e extensão na área de cuidados especiais.

** Professora no Curso de Farmácia da Faculdade de Ciências da Saúde da Universidade Metodista de Piracicaba; doutora em Farmacologia pela USP; autora do livro *Farmacologia: roteiros de aulas práticas e estudos dirigidos*; orientadora de projetos de extensão e pesquisa na área da Educação em Saúde.

A Sociedade Brasileira de Diabetes (1999) relata que o DM Tipo 1 refere-se a um processo patológico quase sempre de origem genética, que se caracteriza pela destruição imunológica das células beta responsável por levar os pacientes ao uso da insulina exógena, tornando-os dependentes (Insulino-dependente). Já o DM Tipo 2, que atinge um número significativo da população, caracteriza-se por não ter dependência constante da administração de insulina exógena como meio de garantir a sobrevivência, sendo suficiente o controle através da dieta, da prática regular de atividades físicas e algumas vezes da ingestão oral de medicamentos.

A literatura científica tem demonstrado que ocorre uma diminuição significativa da qualidade de vida da imensa maioria dos portadores desta patologia. As profundas alterações anatômico-fisiológicas que este corpo experimenta provoca mudanças bio-psico-sociais no paciente, muitas vezes suficientes para gerar um estado de total *autoexclusão*. Tal fato torna-se de vital importância para a saúde pública brasileira, na medida em que requer a elaboração e execução de um programa de educação em saúde que vise a inclusão social deste paciente.

A fim de contribuir nesse sentido, este texto busca abordar a educação em saúde como um processo de inclusão social do corpo diabético a partir de uma análise dos resultados obtidos por um grupo de profissionais, pesquisadores e estudantes em um trabalho de parceria executado pela comunidade de Piracicaba e a Universidade Metodista de Piracicaba durante o ano de 2000 na Casa do Diabético da cidade. A estrutura do mesmo está traçada em três momentos. No primeiro faz-se uma contextualização do programa de Educação em Saúde, proposto pelo Ministério da Saúde, salientando as ações de intervenção e de cuidados especiais para o paciente diabético. No segundo, estabelece-se uma reflexão sobre o corpo diabético. No terceiro destaca-se um trabalho interdisciplinar realizado por uma equipe no processo de educação do paciente diabético, apresentando os resultados obtidos com um estudo piloto, realizado na Casa do Diabético de Piracicaba, interior do Estado de São Paulo, com o objetivo de constatar a visão que uma amostragem de pacientes possui sobre seu corpo diabético.

Educação em saúde

O processo de reabilitação de pessoas que necessitam de cuidados especiais tem como eixo central a ampliação de sua capacidade para uma adequação ao seu ambiente, visando facilitar sua inclusão social. O desafio da atualidade vem sendo justamente atuar em tal processo.

De alguma maneira se observa no último século um avanço nas condições de vida e saúde na maioria dos países do mundo (WHO, 1998) e da região das Américas (OPAS, 1998), graças, entre outros, à influência que têm os progressos políticos, econômicos, sociais e ambientais, na melhoria da qualidade da saúde pública. No entanto, como refere Buss (2000), ainda existem múltiplos problemas a serem resolvidos: as profundas desigualdades nas condições de vida e de saúde entre os países e, dentro deles, entre regiões e grupos sociais; a permanência de problemas relacionados com morbimortalidade prevalentes em alguns setores; o crescimento de doenças crônicas não infecciosas; o aparecimento de novas doenças (Aids) etc.

Esses problemas têm sido enfrentados com grandes investimentos na assistência médica curativa e individual, ainda que esteja provado que nos países onde houve avanços estes foram possíveis devido a medidas preventivas e à promoção da saúde.

Tendo em conta estas dificuldades, a Organização Mundial da Saúde (OMS), da qual o Brasil forma parte, vem se dedicando nos últimos anos a definir estratégias para ampliar a todos os setores sociais, melhorias na qualidade de vida e saúde. Nesse processo de discussão mundial, a I Conferência Internacional de Promoção da Saúde realizada em Ottawa, Canadá, 1986, consolidou o conceito de Promoção da Saúde como sendo "o nome dado ao processo de capacitação da comunidade para atuar na melhoria da sua qualidade de vida e saúde, incluindo uma maior participação no controle desse processo" (Ministério da Saúde, 1996).

Promover a saúde, nos termos que ficou definido na conferência anteriormente citada, significa efetuar mudanças sociais que favoreçam a criação de um ambiente adequado, que gere alterações nos estilos de vida, no trabalho e nas formas de lazer. Por tal motivo, um dos princípios fundamentais da Promoção da Saúde é o aumento dos conhecimentos e difusão da informação relacionada com a própria saúde (Gentile, 2001).

A Educação em Saúde constitui-se, portanto, em um dos eixos da concepção de Promoção da Saúde. Seu compromisso principal é desenvolver o senso de identidade, autonomia e responsabilidade dos indivíduos, bem como a solidariedade e a responsabilidade comunitárias. Enxerga-se hoje a Educação em Saúde como sendo o processo que aproxima as conquistas técnico-científicas ao cidadão comum e à ação governamental (LEVY, 2001).

Dentro do Programa de Promoção da Saúde no Brasil interessa referir-nos à proposta que se vem implementando em Educação para o paciente diabético. Isto porque o DM é um dos mais importantes problemas mundiais de saúde da atualidade, tanto em termos do número de pessoas afetadas, incapacitação, mortalidade prematura como nos custos no seu controle e no tratamento de suas complicações. Estima-se que no Brasil existam 5 milhões de diabéticos, dos quais metade desconhece o diagnóstico. De acordo com o Censo de Diabetes, realizado em 1988, na população brasileira entre 30 e 69 anos, a prevalência era de 7,6%, magnitude semelhante à de países desenvolvidos. Trata-se, hoje, da quarta causa de morte no Brasil. No Estado de São Paulo, na população acima de 40 anos, a frequência com que aparece o DM nos atestados de óbitos entre as mulheres é superada apenas pelas doenças cardiovasculares (Educação em diabetes, 1998).

De acordo com a Declaração das Américas sobre Diabetes IDF/Opas/OMS (1996), o DM especialmente quando mal controlado representa um considerável encargo econômico para o indivíduo e a sociedade. Dependendo do país, as estimativas disponíveis indicam que o DM pode representar de 5 a 14% dos gastos com o setor de saúde. A maior parte dos custos diretos do tratamento do DM relaciona-se com suas complicações, que muitas vezes podem ser reduzidas, retardadas ou evitadas, com um programa de educação bem implementado (Diabetes Estimates 1995-2025, 1998).

Até há alguns anos, o doente crônico era visto com fatalismo e derrota e, consequentemente, alienado da sociedade. Não obstante, atualmente se observa uma mudança, pois qualquer tratamento concebido para enfrentar as doenças crônicas prevê, além da terapia em si, um programa de educação para pacientes e familiares, que inclui a transmissão de conhecimentos científicos e práticos a fim de permitir uma substancial melhoria na qualidade de vida e sua inclusão social.

Quando o paciente não é instruído sobre os princípios em que se fundamenta seu tratamento, o controle adequado do DM torna-se irrealizável. É através da educação que os pacientes com DM poderão melhorar a sua qualidade de vida, permitindo sua inclusão social. Neste sentido, o objetivo mais importante da educação do diabético, em nossa concepção, seria lograr uma mudança interna na atitude do paciente, uma vez que a tomada de consciência das possibilidades deste corpo diabético torna-o ativo no controle da doença.

O corpo diabético

> *O meu corpo me sabe mais que me sei*
> (Carlos Drummond de Andrade)

Discutir o aspecto do corpo diabético nos remete a uma reflexão sobre o ser corpo, em especial no imaginário social, na medida em que uma atitude, uma ação, uma patologia ou uma doença ocorre no corpo, o qual realça, revela, identifica e garante a existencialidade do ser humano.

Santin (1992) apresenta uma reflexão que subsidia o início de nossas reflexões sobre o sentido do corpo na vida cotidiana das pessoas:

> Muito antes do pensamento lógico-racional e das ciências experimentais, o homem fazia a experiência existencial do corpo. Muito antes dos conceitos e dos conhecimentos científicos de corpo, cada indivíduo constrói para si mesmo uma imagem de corpo a partir de sua experiência pessoal. Ainda hoje, a bem da verdade, a maioria das pessoas não tem compreensão científica do próprio corpo, mas possui uma imagem do corpo elaborada não a partir dos conhecimentos aprendidos na escola e sim através da maneira de vivê-lo (p. 53).

Cada pessoa ao longo de sua vida produz e edifica sua própria história, a sua própria realidade, a qual está imbricada, arquitetada e impregnada no corpo, sendo a garantia concreta de sua existência, no mundo, o fato de ser corpo. O corpo é, neste sentido, o palco onde se desenrola a peça da vida de cada um de nós.

Ser corpo é ampliar, com infinitas reticências, a dimensão imposta pelos modelos positivistas das ciências exatas, é admitir que o ser humano não está concluído, que vive em constante transformação e renovação, é entender que seu crescimento se dá na mutabilidade, na contradição e na pluralidade, é considerar a existência de desejos e não somente a satisfação das necessidades, é conceber um novo olhar para o entendimento do ser humano, o qual não só estabelece relações consigo mesmo, mas com o outro e com o mundo (MERLEAU-PONTY, 1994).

Ser corpo é compreender o processo complexo da vida, a qual não pode ser explicada, mensurada ou prevista por métodos ou por padrões previamente determinados.

> O corpo é um pressuposto da nossa humanidade, o núcleo da nossa realidade. Nós somos seres incrustados no universo pela corporização do nosso ser. Portanto, sem se conceber o corpo, é impossível conceber o ser humano (NUNES FILHO, 1994: 89).

Desta forma, a compreensão e a valorização do ser corpo vai além da ideia de corpo fisiológico, formado por ossos, músculos, sangue, órgãos, racionalizado, quantificado, dominado, previsível e mecanizado, produto de um padrão de igualdade entre os seres humanos.

Quem auxilia a entender a complexidade do corpo é Nunes Filho (1994):

> O corpo é essa estrutura biológica que tem a capacidade de criar uma teia de significados; é um verdadeiro nascedouro de símbolos, os quais são constantemente emitidos visando respostas que são expressas em forma de outros símbolos (p. 92).

A visão polêmica, eficiente e tecnicista do corpo precisa ser substituída por uma visão mais abrangente, inclusive se for considerado, por exemplo, que em inúmeros casos várias patologias com manifestações somáticas são reflexo de dores emocionais ou morais.

O ser corpo é sinônimo de vida, do corpo vida como forma de presença no mundo, o qual se expõe independente dos anos definidos pela cronologia, sendo real, pleno e concreto, conhecendo-se a partir de sua própria experiência existencial.

Ainda tendo em vista a concepção de corpo, a atenção se projeta, nesta fase, no corpo diabético, procurando identificar o funcionamento fisiológico e os cuidados que devem ser tomados ao se trabalhar com este corpo.

Para comentar e entender as alterações, atitudes e características do corpo diabético, serão usadas metáforas, em diversos momentos. Este recurso, inclusive, tem o objetivo de deixar a leitura menos densa e específica. Dentro de uma perspectiva histórica, a doença já atravessou três milênios. Inicialmente a palavra diabetes, em grego, foi cotejada a um sifão, ou seja, um tubo para aspirar água. Tal comparação ocorreu como consequência do número excessivo de micção dos portadores desta patologia. Posteriormente, identificou-se que a urina excretada continha açúcar, ou seja, era uma "urina doce como mel", daí o nome de Diabete mellitus (SILVEIRA NETTO, 2000).

A constante micção não é somente fruto de uma grande ingestão de água, mas da presença de glicose no sangue, a qual não é captada pelas células, permanecendo na corrente sanguínea e rapidamente eliminada pela urina juntamente com os líquidos corporais. Neste caso, o corpo diabético se torna desidratado, com pele seca aliada a esfoliações, com feridas que cicatrizam lentamente, além de alterações visuais, distúrbios vasculares e neurológicos.

A realidade desta situação pode ser associada ao "bacalhau salgado", o qual absorve grande quantidade de água ao ser imerso nela. No caso, a corrente sanguínea estaria representada pelo "bacalhau salgado" e na medida em que ele passeia pelo organismo vai se embebecendo da água presente nas células e nos tecidos.

Também é preciso considerar, nesta análise, um outro componente: a insulina. Este hormônio, que é produzido pelo pâncreas, é o pivô da história do diabético. Ela tem a responsabilidade de controlar, adequadamente, a utilização dos carboidratos ingeridos, ou melhor, a glicose, no interior das células.

Numa relação análoga, a insulina funcionaria como um "porteiro" responsável pela entrada em uma festa (a célula), o qual admite que só entre quem tem convite (a glicose). No caso do corpo diabético há um problema, pois, mesmo tendo vários convites para entrar na festa, o "porteiro" não está presente ou não reconhece os convites adquiridos. Assim, ao corpo diabético resta jogar o acúmulo dos convites na enxurrada de sangue, sendo esta grande quantidade eliminada através do "ralo" (rins) do corpo.

Nesta mesma perspectiva de uso da metáfora, no corpo diabético as células "passam fome". Vivem um jejum absoluto, pois apesar de terem um "banquete glicêmico" passando na corrente sanguínea não têm acesso a ele, porque o "porteiro" não existe ou porque não permite a entrada, e consequentemente o "banquete glicêmico" não pode ser saboreado, necessitando ser jogado fora.

O corpo diabético denominado Tipo 1 em geral é magro, tem uma produção insignificante de insulina, porque as células do pâncreas estão destruídas, e o que é ingerido pelo organismo não é captado pelos tecidos e a glicose permanece no sangue. Ao mesmo tempo este corpo é penalizado, pois os tecidos periféricos sinalizam ao cérebro ausência de energia; simultaneamente ele aciona mecanismos de emergência em busca de fomento, gerando a constante sensação de fome e sede, em especial em relação aos doces.

Este processo faz com que este corpo diabético sinta pouca disposição para participar de atividades sociais, culturais e esportivas. A imagem corporal é de cansaço, de fadiga, de fraqueza e de falta de energia. Neste caso, o "porteiro" é substituído eternamente pelo seu clone, o medicamento injetável subcutâneo ou intravenoso, o qual assume o papel de controlar esse processo.

O corpo diabético denominado Tipo 2, que nem sempre tem a falta da insulina, tem aparência diferente, ou seja, o "porteiro" ora aparece adequadamente e ora defeituoso. Este paciente em geral é gordo, por conta da irregularidade da produção de insulina, unida a elevada ingestão de carboidrato, o que provoca, em média, a transformação do excesso de glicose que consegue penetrar na célula em gordura, gerando a obesidade.

O grande problema, neste caso, é que a situação muitas vezes é desapercebida e não controlada pelo paciente, gerando riscos à saúde e à qualidade de vida, como por exemplo: cegueira, enfarte do miocárdio, alteração dos vasos sanguíneos, gangrena e impotência sexual masculina.

Este caso, que se agrava com a idade e em contato com fatores estressantes, não necessita da aplicação diária e "eterna" de insulina, mas pode ser controlado através de dieta alimentar, prática regular de exercícios físicos e algumas vezes administração de medicamentos orais que controlem o processo.

É importante frisar que o corpo diabético, em função de todas estas alterações, apresenta uma imagem corporal diferente e precisa ser compreendido, controlado e cuidado, para que ele não sinta, cada vez mais, as consequências da doença. Também é possível perceber que há uma alteração de comportamento, em geral, para além do controle do indivíduo. Não obstante, para o tratamento do diabetes, tão importante como a visão filosófica e fisiopatológica do corpo diabético, o é a compreensão que tem o paciente sobre si mesmo.

A visão do diabético sobre seu corpo

Uma das principais sequelas do DM no paciente é sua autoexclusão social. Quando o corpo diabético se encontra deprimido e automarginado, a ciência não tem maneira de reverter o quadro instável glicêmico que o mesmo pode apresentar. De maneira que uma das premissas iniciais de qualquer pesquisa sobre o tema deve considerar a visão que o corpo diabético tem sobre si mesmo.

Precisamente se iniciou em agosto de 2000 um Projeto[1] de parceria entre a Universidade Metodista de Piracicaba (Unimep), representada por profissionais e pesquisadores das Faculdades de Ciências da Saúde (Curso de Farmácia) e Educação Física (Curso de Educação Física) e a Secretaria de Saúde da Prefeitura Municipal de Piracicaba, através da Casa do Diabético, que tinha entre outros objetivos identificar em uma amostra de pacientes diabéticos a visão que os mesmos tinham sobre seu corpo diabéti-

---

1. Lopes, L.C. & Simões, R. *Ação e reação:* uma experiência interdisciplinar na Casa do Diabético. Foi apoiado pelo Fundo de Apoio à Extensão da Unimep, 2000.

co. O projeto ainda tem como meta propor um programa educativo capaz de ajudar o indivíduo diabético a adquirir conhecimentos, desenvolver habilidades, gerar mudanças de hábitos e enfim melhorar sua qualidade de vida.

Para execução das propostas de intervenção foi elaborado e aplicado um instrumento visando determinar o perfil bio-psico-social envolvendo questões relacionadas às características cronológicas, econômicas, comportamentais, nutricionais, farmacológicas e da prática regular de atividade física. Além disso, neste questionário constavam perguntas qualitativas, que buscavam obter informações sobre a visão que os pacientes diabéticos selecionados tinham sobre seu corpo: 1) Como você se sentiu ao saber que era diabético? e 2) O que isso modificou na sua vida?

Descrevemos a seguir a análise das respostas obtidas através da entrevista a 183 pacientes feitas no momento da consulta médica na Casa do Diabético. Porém, é preciso salientar que um dos pontos mais relevantes, quando se trata de um estudo que envolve alguma patologia, é a imagem corporal que o próprio indivíduo faz de si e de seu próprio corpo, construída a partir da imagem corporal que está presente na sociedade, na comunidade e que se dá em um processo contínuo de relações.

Teves (2000), estudiosa do processo do imaginário social, diz que:

> [...] a imagem corporal não é apenas destruída e ameaçada pela dor, pela doen-

ça, pela mutilação real, mas também pelo distúrbio libidinal provocado pela recusa que sentimos dos outros em relação a nós. Pela insatisfação profunda de se reconhecer afastado, rejeitado, excluído. Nesse sentido, na imagem corporal está presente a imagem que temos dos outros e, dialeticamente, a imagem que percebemos que os outros têm de nós mesmos. Por tudo isso, é possível se dizer que as investigações sobre a imagem corporal em nossa sociedade pode nos levar a compreender o sistema ético, a moral subjacente a essas imagens. Em qualquer grupo existe sempre uma imagem corporal idealizada, historicamente instituída (p. 196).

O perfil dos pacientes entrevistados revelou que 74 eram homens e 109 mulheres. A faixa etária entre os homens foi de: 14 menores de 20 anos; 10 entre 21 e 40 anos; 24 entre 41 e 60 anos; 26 acima de 61 anos. Já entre as mulheres a faixa etária portadora da patologia esteve definida da seguinte forma: 11 menores de 20 anos; 9 entre 21 e 40 anos; 50 entre 41 e 60 anos; 39 acima de 61 anos. Assim verificou-se que a predominância da doença, tanto em homens como em mulheres, está entre 41 e 80 anos, ou seja, a maioria se encontra na chamada Terceira Idade, o que está de acordo com os achados na literatura. Isso revela que na grande maioria dos pacientes está presente o DM Tipo 2, aquele que é adquirido, principalmente, por hábitos errôneos relacionados à alimentação, sedentarismo e uso inadequado de alguns tipos de medicamentos como anticoncepcionais, anorexígenos, entre outros.

Em 57% das respostas identificou-se que as sensações percebidas quando do diagnóstico da doença foi a de se sentir triste, chateado, assustado, nervoso, não acreditando que pudesse estar acontecendo. Ainda neste aspecto, 11% tiveram a impressão que iam morrer, que o mundo havia acabado e que teriam que mudar vários hábitos em função das complicações que a doença poderia acarretar. Estes pacientes expuseram que a sensação é de "estar mal", em especial quando não se sabe o que é e como se desenvolve. Em 5,8%, as respostas identificavam claramente a não aceitação da doença, ou seja, o paciente não acredita que seja portador desta patologia. Algumas das sensações corporais reveladas pelos entrevistados foram a de ter sono e fome, associados a muita sede, além de dores musculares, cãimbra, tontura, formigamento, disfunção erétil e alterações de peso.

Vale ressaltar que somente em 28% das respostas o paciente já esperava o aparecimento da doença, refletindo sensações de conformidade e aceitação, sem provocar motivos de preocupação. Estes também afirmaram que não houve modificações em sua vida familiar, social e profissional.

Assim pode-se verificar que a constatação da existência do DM, presente na maioria das respostas, gera sensações de tristeza, de medo, de nervosismo, de imobilidade social, levando o indivíduo a associar a patologia a uma punição. As alterações fisiopatológicas do corpo que se tornou diabético também acentuam estas sensações negativas, na medida em que alteram desde a higiene do sono até o paladar e a disposição para participar de atividades presentes em seu cotidiano.

Analisando o segundo parâmetro avaliado – as modificações ocorridas na vida com a existência da doença – observamos que o maior grau de convergência, presente em 49% das respostas, está na alteração da alimentação. Este dado revela que outros itens, como a prática regular de exercícios e o uso racional de medicamentos, são desconsiderados. Somente 2% disseram que passaram a praticar exercícios físicos e apenas 0,5% utilizou adequadamente os medicamentos prescritos. Atitudes como esta revelam o desconhecimento de outras formas de tratamento preventivo para reduzir as consequências oriundas do agravamento da doença.

Em 24% das respostas houve a constatação de que "tudo" foi alterado na vida. A liberdade foi perdida; houve a necessidade de alterar ou cessar a atividade profissional; alguns até relataram que a vida ficou "estragada", ocorrendo alterações emocionais, sexuais e com a forma do corpo, ou seja, houve um descontrole no peso corporal. Entre estes, 4% disseram que perderam a disposição, pois ou emagreceram demais ou ficaram cegos. Já 5% não tiveram mais vontade de ter uma vida social, como ir a festas, tornando-se depressivos, por não poder comer o que o corpo diabético requisita. No entanto, 25% responderam que não houve mudanças em sua vida a partir do diagnóstico da doença. Quase a totalidade deste grupo respondeu que não sentiu nada ao saber da patologia, dizendo que não houve alteração em seu cotidiano.

Considerações finais

O DM, considerado doença crônica de grande atualidade, representa um dos mais importantes problemas mundiais de saúde, quer em número de pessoas afetadas, incapacitadas ou com mortalidade prematura, quer em custos de seu controle ou no tratamento de suas complicações. Por tal motivo, passa a ser uma premissa fundamental chamar a atenção de profissionais e pacientes que trabalham e convivem com esta doença respectivamente, no sentido de entender as alterações bio-psico-sociais que experimentam este corpo diabético e a necessidade de adotar novas atitudes frente a esta patologia. Isto implica olhar o corpo diabético no processo de Promoção da Saúde, através da Educação em Saúde.

É essencial efetuar mudanças familiares, sociais e comunitárias que favoreçam a criação de um ambiente adequado, gerando no diabético autonomia, alterações nos estilos de vida, de trabalho e de formas de lazer. O paciente é também o principal agente transformador nesta dinâmica mutável, gerando possibilidades de tornar-se ativo no controle da doença e na busca da qualidade de vida.

Uma leitura dos relatos foi suficiente para verificar que os pacientes descrevem a existência de sensações e ações distintas e (in)esperadas e que muitas vezes fogem ao seu controle, gerando estado de fadiga, de falta de energia, de fraqueza para participar de atividades sociais, culturais e esportivas.

A análise da visão que o paciente diabético possui depois da constatação da doença e nas modificações que ela gera revelou que o mesmo apresenta sintomas depressivos, em sua maioria representados por tristeza, desânimo, incapacidade, desesperança, falta de motivação social, muitos dos quais limitam ações interdisciplinares de forma adequada.

As considerações aqui tecidas devem suscitar ações acerca do processo de Educação em Saúde para o corpo diabético, através de atitudes de solidariedade, de atenção, de cuidado, de amparo familiar e social, diminuindo sua autoexclusão. Estes procedimentos poderão facilitar as intervenções que visem sua inclusão social e a melhoria de sua qualidade de vida.

Bibliografia

ANDRADE, C.D. *Corpo*. 4. ed. Rio de Janeiro: Record, 1984.

ASSOCIAÇÃO NACIONAL DE ASSISTÊNCIA AO DIABÉTICO. http://www.anad.org.br/diabetes.htm [mai./2001].

BRASIL/Ministério da Saúde/Secr. de Assistência à Saúde/Dep. de Assistência e Promoção da Saúde/Coord. de Doenças Crônico-Degenerativas. *Manual de diabetes*. 2. ed. Brasília, 1993 [s.e.].

BUSS, P.M. Promoção da saúde e qualidade de vida. *Ciência & Saúde Coletiva*, vol. 5, 2000, p. 163-177.

Carta de Ottawa, 21/11/1986. www.saude.gov.br/programas/promocao/ottawa.htm [Promoção da Saúde. Ministério da Saúde – 03/04/2001].

Declaração de Alma-Ata – URSS, 12/09/1978. www.saude.gov.br/programas/promocao/alma.htm [Promoção da Saúde. Ministério da Saúde – 03/04/2001].

Declaração de las Américas sobre la Diabetes. Porto Rico, ago./1996.

Diabetes estimates 1995-2025. www.whoint/ncd/dia/dianlet.htm [04/12/1998, p. 1-5].

Educação em Diabetes. *Jornal SBD*, ano III, ed. 8, 1998 [s.n.t.].

GENTILE, M. Promoção da Saúde. *Revista Promoção da Saúde.* http://www.saude.gov.br/programas/promocao/promoc.htm [04/06/2001].

GUEDES, C.M. O corpo desvelado. *In:* MOREIRA, W.W. (org.). *Corpo pressente.* Campinas: Papirus, 1995 [http://www.users.interport.net/îcps/Mdico/MEDICO97/May/Delcaracio. html – 28/09/1999].

LEVY, Sylvain. Programa Educação em Saúde. Secretaria de Políticas de Saúde. www.saude.gov.br/programas/pes/pes/apresentacao.htm [06/04/2001].

Manual-guia para personas con diabetes. http://www.umassmed.edu/diabeteshanbook/Spanish/toc_s.htm [mai./2001].

MERLEAU-PONTY, M. *Fenomenologia da percepção.* São Paulo: Martins Fontes, 1994.

MOREIRA, W.W. (org.). *Educação Física e esportes:* perspectivas para o século XXI. Campinas: Papirus, 1992.

— *Corpo pressente.* Campinas: Papirus, 1995.

MOREIRA, W.W. & SIMÕES, R. (org.). *Fenômeno esportivo e o terceiro milênio.* Piracicaba: Unimep, 2000.

NUNES FILHO, N. *Eroticamente humano.* Piracicaba: Unimep, 1994.

OPAS 1998. *La Salud em las Américas*. Vol. 1. Washington: Opas, 368 p.

SANTIN, S. Perspectivas na visão da corporeidade. In: MOREIRA, W.W. *Educação Física e esportes:* perspectivas para o século XXI. Campinas: Papirus, 1992.

SILVEIRA NETTO, E. *Atividade física para diabéticos*. Rio de Janeiro: Sprint, 2000.

SIMÕES, R. *Do corpo no tempo ao tempo do corpo:* a ciência e a formação profissional em Educação Física. Campinas: Unicamp/Faculdade de Educação Física, 1998 [Tese de doutorado].

SOCIEDADE BRASILEIRA DE DIABETES. Consenso brasileiro de conceitos e condutas para o *diabetes mellitus* – Recomendações da Sociedade Brasileira de Diabetes para a prática clínica, 1997 [s.n.t.]. – Consenso Brasileiro de Conceitos e Condutas para o Diabetes mellitus, recomendações da sociedade brasileira de diabetes para a prática clínica. Parte 1/2, 1999. www. netcomp.com.br/anad/consenso.htm

TEVES, N. Corpo e esporte: símbolos da sociedade contemporânea. In: MOREIRA, W.W. & SIMÕES, R. (org.). *Fenômeno esportivo e o terceiro milênio*. Piracicaba: Unimep, 2000.

WHO 1998. *The World Health Report 1998: Life in the 21st Century* – A Vision for All. Genebra, 241 p.

Considerações finais
O início de novos trabalhos

$\mathcal{O}$ fim do século XX e início do século XXI marca a organização dos próprios deficientes pela reivindicação de direitos e deveres como cidadãos, inclusive a solicitação de atividades físicas e esportivas adaptadas para eles, lugar no mercado de trabalho, oportunidade de estudo com qualidade e possibilidades de lazer. Os profissionais de diversas áreas do conhecimento passaram a se preocupar e organizar espaços de reflexão sobre a temática, com metas a alcançar melhora na qualidade de vida dessas pessoas, consideradas deficientes.

Com certeza, essa obra produzida por estudiosos e pesquisadores sobre o assunto vem propor o entendimento das questões que envolvem os corpos deficientes, para melhor atendê-los pedagogicamente, proporcionando-lhes uma vida digna e satisfatória.

As palavras de Gaio (1999) reforçam a ideia colocada e demonstram o alcance do estudo, vislumbrando caminhos para novas investigações:

> Fica evidente a necessidade de mudança ao percerbemos que da história de

ontem para a história de hoje percorremos um longo caminho de discriminação, de abandono, de ignorância expressos pela exclusão desses corpos deficientes dos espaços da vida. Por outro ângulo, estamos buscando atualmente a valorização desses corpos, a partir do conceito do humano, inserindo na teoria e na prática os corpos deficientes em diversos contextos, para que eles possam assumir posições na sociedade com dignidade e competência (p. 58).

É inegável o esforço que tem sido feito no campo das sociedades solidamente organizadas, no sentido de estabelecer espaços de direito aos deficientes, sejam eles deficientes físicos, visuais, auditivos ou mentais. Este esforço, inclusive, tem sido resultado de um movimento oriundo dos próprios deficientes, como já foi comentado anteriormente, o que implica dizer que, enquanto seres sociais, têm exercitado seus espaços de cidadania. As iniciativas variam de sociedade para sociedade, procurando incorporar a questão da deficiência ao ideário representativo dos direitos humanos, garantindo em lei esses direitos que, em muitas sociedades, não estão garantidos na prática.

Este panorama tende a alterar significativamente o conceito de deficiência, nesse século XXI, instalando um novo modo de entender o corpo deficiente, mais ampliado e mais abrangente, na perspectiva de considerar o ser humano como alguém capaz de, dentro de suas possibilidades, auto-organizar-se e, neste movimento, organizar os espaços sociais ao seu redor.

Certamente, essas inter-relações podem ocorrer, na perspectiva de serem criados laços de trocas, constituindo o que Brandão (1997) chama de *culturas híbridas*, aquelas que abrem "as portas para um universo regido pela diferenciação cultural entre iguais sociais"[1].

A obra apresenta, dessa forma, um novo entendimento do conceito de deficiência, mostrando que muitas dificuldades e preconceitos hoje enfrentados pelos portadores de necessidades especiais são resultados de muitos séculos de exclusão e sofrimento.

A ideia de se estudar um tema como este vem em um momento importante para a sociedade moderna. Os novos meios de comunicação possibilitam o entendimento de novas culturas a partir da interação entre países e pessoas, tão distantes geográfica quanto culturalmente. Estes avanços originados das tecnologias disponibilizadas (rádios, jornais, TV e internet) permitem compreender a diversidade humana a partir do momento em que se passa a conhecer outras realidades culturais e, portanto, outras formas de viver.

Assim, pode-se, desde já, considerar que esse estudo é uma contribuição com as discussões que ocor-

---

1. Brandão, Carlos R. Aprender, aprender na cultura, aprender culturas em mudança. In: CASALI, Alípio et al. *Empregabilidade e educação*. São Paulo: Educ, 1997, p. 134.

rem no bojo das diversas áreas de conhecimento que se preocupam com essa temática. Seu objetivo é contribuir na capacitação de profissionais que pretendam desenvolver propostas pedagógicas, direcionadas a essas pessoas, consideradas, do ponto de vista prático e educacional, como pessoas com necessidades especiais, a fim de propiciar a melhoria da qualidade de vida desse grupo e dos demais que vivem em seu entorno.

As palavras de Gaio (1999) traduzem com transparência os desejos das organizadoras dessa obra, ao mesmo tempo que convidam os leitores a refletirem sobre o tema, tendo um olhar interdisciplinar no trato com o corpo deficiente:

> [...] Os procedimentos didático-pedagógicos que propiciam a aceitação e o atendimento desses seres humanos com respeito e dignidade só podem advir deles mesmos como sinalização para nossa ação docente. Temos que pensar os corpos considerados deficientes na perspectiva de seres aprendentes, numa sociedade aprendente que advoga o direito de ensinar, em busca de espaço para agir e se manifestar enquanto corporeidade viva, ao encontro da felicidade (p. 69)[2].

Ao finalizarmos a obra, sinalizamos para a necessidade de ações que promovam a inclusão e a valorização do corpo deficiente nos diversos setores,

---

2. GAIO, RC. *Para além do corpo deficiente* – Histórias de vida. Piracicaba: Unimep, 1999 [Tese de doutorado].

entre eles sociais, educacionais e culturais, a partir do conhecimento das *possibilidades do corpo... em diálogo com as diferenças.*

Dra. Roberta Gaio
Dra. Rosa Gitana Krob Meneghetti

CULTURAL
Administração
Antropologia
Biografias
Comunicação
Dinâmicas e Jogos
Ecologia e Meio Ambiente
Educação e Pedagogia
Filosofia
História
Letras e Literatura
Obras de referência
Política
Psicologia
Saúde e Nutrição
Serviço Social e Trabalho
Sociologia

CATEQUÉTICO PASTORAL
Catequese
  Geral
  Crisma
  Primeira Eucaristia
Pastoral
  Geral
  Sacramental
  Familiar
  Social
  Ensino Religioso Escolar

TEOLÓGICO ESPIRITUAL
Biografias
Devocionários
Espiritualidade e Mística
Espiritualidade Mariana
Franciscanismo
Autoconhecimento
Liturgia
Obras de referência
Sagrada Escritura e Livros Apócrifos
Teologia
  Bíblica
  Histórica
  Prática
  Sistemática

VOZES NOBILIS
Uma linha editorial especial, com importantes autores, alto valor agregado e qualidade superior.

REVISTAS
Concilium
Estudos Bíblicos
Grande Sinal
REB (Revista Eclesiástica Brasileira)

VOZES DE BOLSO
Obras clássicas de Ciências Humanas em formato de bolso.

PRODUTOS SAZONAIS
Folhinha do Sagrado Coração de Jesus
Calendário de mesa do Sagrado Coração de Jesus
Almanaque Santo Antônio
Agendinha
Diário Vozes
Meditações para o dia a dia
Encontro diário com Deus
Guia Litúrgico

CADASTRE-SE
www.vozes.com.br

EDITORA VOZES LTDA.
Rua Frei Luís, 100 – Centro – Cep 25689-900 – Petrópolis, RJ
Tel.: (24) 2233-9000 – Fax: (24) 2231-4676 – E-mail: vendas@vozes.com.br

UNIDADES NO BRASIL: Belo Horizonte, MG – Brasília, DF – Campinas, SP – Cuiabá, MT
Curitiba, PR – Fortaleza, CE – Juiz de Fora, MG – Petrópolis, RJ – Recife, PE – São Paulo, SP